*Bettina Hugger*

# Sinn-voll schulreif werden!

## Grundkompetenzen mit allen Sinnen fördern

*Bettina Hugger*

# Sinn-voll schulreif werden!

## Grundkompetenzen mit allen Sinnen fördern

Illustrationen: Ines Rarisch

verlag modernes lernen

**Unser Buchprogramm im Internet**
www.verlag-modernes-lernen.de

**Externe Links**
Der Verlag weist ausdrücklich darauf hin, dass eventuell im Text enthaltene externe Links vom Verlag nur bis zum Zeitpunkt der Buchveröffentlichung eingesehen werden konnten. Auf spätere Veränderungen hat der Verlag keinerlei Einfluss. Eine Haftung des Verlages ist daher ausgeschlossen.

**@ Die Kopiervorlagen auf den Seiten 178 – 190 stehen Ihnen auch als Download zur Verfügung unter: https://www.verlag-modernes-lernen.de/permalink/v1296**



**Veröffentlicht in der Edition:**
**verlag modernes lernen Borgmann GmbH & Co. KG**
**Schleefstraße 14 · D-44287 Dortmund**

Gesamtherstellung in Deutschland: Löer Druck GmbH, Dortmund

Illustrationen: Ines Rarisch, Düsseldorf

Titelfoto: © olly – Fotolia-com

Bestell-Nr. 1296 ISBN 978-3-8080-0844-7

# Inhalt

Wenn im Text nur die männliche oder weibliche Substantivform verwendet wird, ist selbstverständlich das andere Geschlecht immer mit angesprochen.

# Vorwort

Dieses Praxisbuch geht in fünf Kapiteln und vierzig Lerneinheiten auf viele Aspekte der frühkindlichen Bildung ein. Außerdem berücksichtigt es in Fallbeispielen und theoretischen Exkursen allgemeine Überlegungen zur Förderung von Kindern und Jugendlichen. Auch Gedanken zur Prävention spielen eine Rolle.

Als Gründerin und Leiterin einer Musikschule, eines Lerninstitutes für Schülerinnen und Schüler und einer Bildungseinrichtung für Erwachsene hat die Autorin langjährige pädagogische Erfahrung. Die Lerneinheiten, die in dem Werk vorgestellt werden, sind daher praxiserprobt. In Kombination mit den von der Autorin ausgedachten Geschichten und mit bekannten Liedern sollen die Lerneinheiten den Kindern unmittelbar Spaß bereiten und mittelbar Fertigkeiten und Wissen weitergeben.

Es ist kein Geheimnis, dass sich alles, was wir bei der täglichen Arbeit mit unseren Vorschul-, Musikschul- oder Grundschulkindern anpacken, auf die Persönlichkeitsentwicklung der Kinder und damit mittel- und langfristig auf den schulischen und gesellschaftlichen Werdegang auswirkt, kurzum, auf die soziale und emotionale Kompetenz. Daraus resultiert eine weitere Überlegung, von der sich die Autorin beim Schreiben leiten ließ: Wäre es nicht gut, wenn wir Unterrichtseinheiten so gestalteten, dass unsere Kinder zu liebenswerten, kompetenten, aufgeschlossenen Wesen heranreiften und wir sie zugleich frühzeitig vor Lernschwierigkeiten, Leistungsabfällen, schulischen Problemen und mithin vor allen noch weiterreichenden Komplikationen schützen könnten?

Mit unseren Lerneinheiten, mit unterhaltsamen Mitmachgeschichten und Liedern, mit kreativen Arbeitsmaterialien, fachlichen Exkursen und interessanten Fallbeispielen möchten wir Pädagogen, Erzieherinnen, nicht zuletzt auch Eltern und Kursleitern, Freude an der Arbeit vermitteln, ihnen neue Ideen und Anregungen an die Hand geben und sie motivieren. In unserem Praxisbuch findet sich eine Fülle fachlich fundierter Ratschläge für den pädagogischen Alltag, die absolut praxisnah sind, da sie aus eigenem Erleben entstanden sind.

# 1. Kapitel: Wahrnehmung

## Hören, Hinhören, Zuhören

Unsere ersten Laute und Wörter lernen wir über das Zuhören: Wir hören die Stimme der Mutter und des Vaters und versuchen diese Laute nachzuahmen. Auch in den frühen Jahren der kindlichen Entwicklung steht das Zuhören im Mittelpunkt. Aufmerksames und konzentriertes Zuhören ist die Grundvoraussetzung für jeden Lernschritt, im familiären Bereich, in der Kinderkrippe, der Kindertagesstätte oder in der Grundschule.

Über sinnliche Wahrnehmung lernen die Kinder Schritt für Schritt ihre Welt kennen. Das Hören ist neben dem Sehen und dem Fühlen und Tasten grundsätzlich wichtig für die Grundorientierung des Menschen. Das Hören beeinflusst nicht nur die Sprache, sondern auch die Motorik des Menschen.

Das Hören in all seiner Komplexität während der frühkindlichen Entwicklung kann nur im normalen Rahmen voranschreiten, wenn die Sinne altersgerecht ausgeprägt sind. Diese Entwicklung verläuft bei jedem gesunden Kind in einem eigenen Tempo. Dadurch erlernen die Kinder unterschiedliche Kommunikationsprozesse zu verstehen und in zunehmendem Maße zu steuern. Dies zeigt uns auch die **Praxis im Musik- bzw. Förderunterricht**.

Wir haben verschiedene Möglichkeiten, den Kindern das Hören nahezubringen. Neben dem Singen bekannter Kinderlieder können wir Klangreisen durch den Raum unternehmen, Hörspaziergänge, Klangexperimente und differenzierte Klangmuster für bestimmte Ereignisse erfinden. Die Variationen sind unzählig, und der Kreativität der Lehrkraft oder des Kursleiters sind keine Grenzen gesetzt. Wir können Gläser oder Tassen aneinanderschlagen und damit Glocken nachahmen, Bürsten auf einer Oberfläche reiben oder Reis auf ein Blech zu schütten, um etwa den Eindruck von Meeresrauschen zu vermitteln.

Auch zu Hause, wenn die Kinder spielen oder ihre Hausaufgaben machen, merken wir, dass die Kleinen ihre ganz eigene und persönliche Aufmerksamkeits- und Konzentrationsschwelle haben. Wenn mehrere Kinder in einer Gruppe sind, stellt das die Lehrkraft oder den Kursleiter vor eine Herausforderung. Sollte ihr oder ihm entgehen, dass die Schwelle der möglichen Aufmerksamkeit bzw. Konzentration überschritten ist, wird ihr/ihm die Gruppe entgleiten. Die Kinder „kaspern herum", werden lauter, mitunter „frech" und können somit den Ausführungen des Pädagogen nicht mehr folgen. Dies ist kein böser Wille, vielmehr ein Überspielen der eigenen Überforderung, die bei den Kindern in unserem Jahrzehnt leider schnell erreicht ist.

Quintessenz unserer Überlegungen muss sein, dass jedes Kind mit der persönlichen Hör- und Konzentrationsschwelle auch ein mehr oder weniger vorgegebenes Durchhaltevermögen hat. Es lohnt sich, darauf Rücksicht zu nehmen, weil dies den Grad bestimmt, in dem die Kinder Informationen aufnehmen können. Auch deshalb ist die Förderung des aufmerksamen und differenzierten Zuhörens eines der wichtigsten Lernziele in der allgemeinen und der musikalischen Früherziehung.

**Das bewusste Hören im Musikunterricht** ebenso wie im Grundschulunterricht hat verschiedene Seiten. Die jungen Schüler müssen dem Lehrer, den anderen Schülern und sich selbst zuhören. Dazu kommt der vielfältige Einsatz unterschiedlicher Medien, denen wir lauschen oder zuschauen sollen. Mit jeder Stunde erweitern die Kinder ihr Hörspektrum, können immer mehr wiedergeben und die erlernten Inhalte einordnen und abspeichern. Im übertragenen Sinne verknüpft sich die eigene, schon geschaffene Hörwelt mit täglich neuen Eindrücken und erweitert sich damit stetig.

**Hören und Bewegung** stehen von Natur aus in einem körperlichen Zusammenhang. Unser Gleichgewichtssinn reguliert unsere Haltung, die Muskelspannung und unsere Motorik. Nachvollziehbar wird der Zusammenhang auch, wenn wir beobachten, dass viele Menschen beim Hören von Musik mit den Fingern schnippen, den Füßen „steppen“ oder sogar durch die Wohnung tanzen. Hier stehen wir einer individuell ausgeprägten Wechselwirkung gegenüber. Ist die akustische Wahrnehmung schlecht entwickelt, wird der Körper eher verhalten reagieren. Sind wir selbst und unsere Schüler entspannt, können wir akustische Reize emotional und bewegungsmäßig gut aufnehmen und wiedergeben. An diesem Punkt, der nicht vernachlässigt werden darf, trainieren Kinder in der Entwicklung ihre Haltung, ihren Gleichgewichtssinn, die Grob- und Feinmotorik. Es lohnt sich also, Musik mit Bewegung zu kombinieren. Aus diesem Grund werden auch in den anschließenden Lerneinheiten stets verschiedene Sinne verknüpft. Durch diese Mehrgleisigkeit bleiben erlernte Inhalte besser haften. Die Folge ist, dass wir uns besser erinnern können.

**Gut zuhören zu können hat viel mit Interesse und Konzentration zu tun**. Beide Komponenten sind Grundvoraussetzungen für ein effektives und erfolgreiches Lernen während der schulischen Laufbahn, allerdings sind sie bei jungen Menschen unterschiedlich ausgeprägt.

Aus jeder Gruppe kennen wir Kinder, die scheinbar nicht zuhören wollen, etwa weil sie es nie gezielt gelernt haben. Außerdem gibt es Kinder, **die aus medizinischen Gründen nicht zuhören können**. Sollte die Lehrkraft den Eindruck haben, dass ein Kind nicht hören kann bzw. nur undifferenziert oder unzureichend zuhört, empfiehlt es sich, das Verhalten in der Gruppe genau zu beobachten. Kleine Spiele können uns dabei weiterhelfen.

Auffallen sollten uns dabei vor allem Kinder, die erst reagieren, wenn die anderen sich schon längst an die gestellten Aufgaben gemacht haben, oder Schüler, die sich binnen kürzester Zeit nicht mehr an die Anweisungen erinnern können und häufig nachfragen. Kinder, die unzureichend hören, reagieren z. B. nicht mit Erschrecken auf sehr laute Geräusche bzw. reagieren nur auf den Kursleiter, wenn er aus einer bestimmten Richtung spricht (dann ist eventuell die Hörfähigkeit nur eines Ohrs beeinträchtigt). Diese Kinder haben meist auch Schwierigkeiten, wenn eine Person vor einer lärmenden Gruppe spricht. Mitunter werden auch bestimmte Laute und Buchstaben verwechselt.

Kinder, die unseren Anforderungen in diesen Punkten während unserer Lerneinheiten absolut nicht gerecht werden, sollten medizinisch untersucht und gegebenenfalls therapeutisch betreut werden.

Um das gute Zuhören zu schulen, müssen wir stets das **Interesse an unterhaltsamen Themen** entfachen. Dadurch können wir immer wieder Gehör finden, die Kinder zum Nachdenken anregen und somit den Sinn für das bewusste Zuhören wecken. In den Lerneinheiten gilt es, die Freude und Teilnahme an Geschichten, an jahreszeitlichen Themen, Liedern und Sprechreimen zu vermitteln. Wir wollen Klänge, Stimmen, Geräusche und Musik einordnen, nachahmen und wiedergeben können. Buchstaben, Zahlen, Stimmhöhen, Floskeln, Redewendungen werden angewandt, geübt und situativ eingeordnet. Jede Äußerung, jede sprachliche Darstellung muss gruppengerecht und emotional passgenau in unsere tägliche Kommunikation eingeflochten werden.

***Im Fall des kleinen Tom** vermutete ich anfangs ebenfalls medizinische Ursachen. Wir begannen die Stunde ganz normal im Sitzkreis und besprachen beispielsweise das aktuelle Thema. Jeder hatte seinen Arbeitsauftrag. Nur einer machte sich nicht ans Werk: Tom. Wir wiederholten die Aufgabenstellung – nichts! Schon in der zweiten Einheit kam ich der Sache auf die Schliche. Mir fiel auf, dass die Mutter auch wegen Kleinigkeiten viel mit ihm schimpfte, und das in einer immensen Lautstärke. Auch der Junge hatte eine recht laute Stimme, was ja in diesem Alter oft auf den Überschwang der Gefühle bzw. auf das Temperament zurückzuführen ist. Es stellte sich heraus, dass der Junge kerngesund war. Nur hatten es die Eltern von Anfang an leider versäumt, mit ihm in einer normalen Lautstärke zu sprechen. Zu Hause und auch sonst wurde bei fast jeder Gelegenheit lautstark geschimpft, geflucht; Tom hatte daher noch nie erfahren, dass Kritik auch ruhig vorgetragen werden kann. Je lauter die Mutter wurde, desto lauter wurde auch er. Ruhige, leise Gespräche hörte er schon gar nicht mehr, vielmehr schaltete er häufig „auf Durchzug“. Das zeigt uns natürlich, dass die Eltern und Erzieher mit der Lautstärke und mit dem Duktus ihrer Gespräche den Grundstein legen für eine funktionierende Kommunikation und damit auch für ein differenziertes Zuhören.*

Letztlich ist neben der Vermittlung des notwendigen Wortschatzes, der Verdeutlichung einer bestimmten Sprachmelodie und sprachlich vermittelten Konventionen Freude und Spaß an der zwischenmenschlichen Kommunikation unser erklärtes Ziel. Diesen Aspekt sollten wir, gerade im Hinblick auf das Zuhören und das Musikhören, im Unterricht näher beleuchten. Kinder im Vorschulalter hören liebend gerne Musik, haben ihre Lieblings-CDs und können meist den Vorspann ihrer Lieblingsserien im Fernsehen perfekt mitsingen. Das ist der erste Schritt. Musik wird auf diese Weise ohne große Anstrengung wahrgenommen. Der nächste Schritt in der Musikerziehung ist das **differenzierte Zuhören**, bei dem das Musikhören stärker über das Bewusstsein abläuft. Die Quantität des Hörens decken unsere Zöglinge meist über Fernsehen, PC ab. Somit ist es klar, dass der musikalische Früherziehungsunterricht an der Qualität des Hörens ansetzen muss. Wir müssen Aufmerksamkeit erzeugen, so dass die Kinder mittelfristig befähigt werden, genau hinzuhören: auf Höhen, Tiefen, Lautstärke oder emotionale Wirkung. Im Unterricht bemerkt man recht schnell, dass die meisten Kinder im ersten Schritt diesen Weg nicht „mitgehen" wollen.

Hier schließt sich der Kreis: Gewöhnt an den Klang und die Art der Musik, die Kinder und Jugendliche täglich hören, müssen sie keine außerordentliche Aufmerksamkeit aufbringen, es geht so nebenher ... Weder wird die Konzentration beansprucht, noch reflektieren wir das nebenbei Gehörte. In der musikalischen Früherziehung jedoch sollten wir – qualitativ gesehen – das Gehörte, also auch bestimmte musikalische Muster, mit eingeübten Verhaltensweisen verknüpfen. Das ist der entscheidende Aspekt: das mehrkanalige Lernen, das möglichst oft die verschiedenen Sinne miteinander verknüpft.

Es wird deutlich, dass das Musikhören für kleine Kinder begrenzt interessant, mitunter langweilig ist. Es ist eher die Grundlage für weitergehende Arbeits- bzw. Bewegungsaufgaben. Hier reagieren Kinder oft ganz anders als gedacht, nämlich für uns als Erwachsene in den meisten Fällen nicht vorhersehbar. Wir sollten die Reaktion auf das Hören vorgegebener Musik deshalb als spannenden Prozess sehen, der uns zwingt, flexibel auf die Reaktion unserer Schüler zu „antworten".

In der Praxis zeigt sich häufig eine übersteigerte Bewegungsreaktion auf vorgegebene Musikbeispiele. Wir können beobachten, dass Beruhigungsspiele am Anfang bzw. zum Ende des Unterrichts nicht gelingen – zu Beginn der Stunde haben die Kinder eher einen Bewegungsstau, am Ende der Stunde Ermüdungserscheinungen. Beide Phasen sind nicht optimal für die gezielte Steuerung der Motorik in Verbindung mit Musik.

Im frühen Entwicklungsstadium ist es daher sinnvoll, das Musikhören im Hauptteil der Stunde mit einem ausgesuchten Thema zu verknüpfen. So lässt sich das differenzierte Hören mit größerer Wahrscheinlichkeit positiv umsetzen. Natürlich können Spiele und Übungen am Anfang und Ende einer Stunde eingeflochten werden, dazu zählen auch diejenigen der Anfangs- und Abschiedsrituale, die im Anhang dieses Buches aufgeführt sind. Und natürlich haben all diese Spiele einen Bezug zur Musik.

Wir hören und tanzen, wir hören und singen, wir hören und fühlen den Schall, wir hören und malen – die Kombination der Sinneswahrnehmungen scheint beliebig. Differenziertes Hören setzt aber, wie bereits erwähnt, in jedem Fall diese Verknüpfung der verschiedenen Sinneswahrnehmungen voraus. Die Kombination der Wahrnehmungsmöglichkeiten ist entscheidend für die Erfahrungen, die unsere Schüler mitnehmen, für ihren Lernerfolg und schließlich auch für ihre geistige und körperliche Entwicklung.

## 1.1 Lerneinheit

### Geräuschelotto: Rasseln, tropfen, summen, brummen

**Ziel der Lerneinheit**

Das heutige Thema steht unter dem Begriff „Hören, Hinhören, Zuhören". Geräusche, Stimmen, Klänge und Töne erkennen, verstehen und unterscheiden zu können hilft uns dabei, uns zurechtzufinden und ist wichtig für eine funktionierende Kommunikation – im Umgang mit anderen, natürlich auch im Musik- bzw. Kreativunterricht. Über das Thema Alltagsgeräusche, Klänge verschiedener Instrumente werden auch erste Möglichkeiten des Umgangs mit einer grafischen Notation vorgestellt – natürlich alters- und entwicklungsabhängig. Der Kursleiter sollte auf den Entwicklungsstand der Gruppe bzw. die Ausgangsvoraussetzungen im Raum achten und die weiteren Aktivitäten daran anpassen. Eine gelungene Kommunikation fördert das Selbstbewusstsein und somit die eigene Leistungsfähigkeit.

**Materialtipp**

Erbsen, Bohnen, Büroklammern, Löffel, Reis, Murmeln, Dosen oder Schachteln, Schrauben, Kamm, Töpfe, Holzlöffel, Tücher zum Verbinden der Augen.

**Grundthema**

Im ersten Schritt lernen wir die Instrumente kennen, die sich greifbar in der Nähe befinden, also die sogenannten Umweltinstrumente. Das sind Klangkörper des alltäglichen Lebens, also Töpfe, Kämme, Gabeln, Türklinken usw. Welche Dinge finden wir im Raum, in unseren Taschen? Wir probieren sie aus, machen Musik, mischen die Alltagsinstrumente mit klassischen Instrumenten, die vorhanden sind bzw. die

die Kinder mitgebracht haben. Für Einsteiger bzw. sehr junge Kinder eignen sich die Orffschen Instrumente!

Im 2. Schritt versuchen wir, die unterschiedlichen Geräusche an der Tafel bzw. auf der Papierbahn aufzumalen ...

**Wir malen Geräusche**

Klingeln des Telefons ______________________________

Paukenschlag ______________________________

Wecker ______________________________

Sirene ______________________________

Kirchenglocke ______________________________

**... hier sind den eigenen Ideen keine Grenzen gesetzt.**

## Varianten

**Geräuschdetektive**: Wir verstecken verschiedene Klangkörper in Schachteln und Dosen. Einigen Kindern werden die Augen verbunden. Sie müssen erraten, welche Alltagsdinge in diesen Dosen versteckt sind.

**Musikkrimi**: Wir versuchen den Klang verschiedener Instrumente aneinanderzureihen. Kinder, die eventuell schon Musikerfahrung haben, können die Instrumente vielleicht schon erraten.

**Mäusegeraschel oder Bärengebrüll**: Wir versuchen die Parameter „laut/leise", „langsam und schnell" kennenzulernen bzw. selbst darzustellen. Die Kinder sitzen in einer Runde und jedes überlegt sich ein Geräusch des Alltags, etwa eines Haustiers oder aus anderen Erlebnissen im näheren Umfeld. Diese Geräusche versuchen wir mit der eigenen Stimme nachzumachen: Vogelgezwitscher, Sirenengeheul, Motorengeräusche, Maus, Hamster usw. In einer zweiten Runde versuchen wir zu unterscheiden, ob die Geräusche eher laut oder leise, langsam oder schnell wahrgenommen werden.

**Polizei und Feuerwehr:** Welche unterschiedlichen Geräusche erleben wir auf dem Schulweg oder auf dem Weg in die Kita? In der Stadt? Polizei und Feuerwehr sind wohl die eindrücklichsten Geräusche, aber auch ein Kran, der Bagger auf der Baustelle, ein heranfahrendes Auto oder quietschende Bremsen sind uns bekannt. Mit welchen Instrumenten können wir diese Geräusche nachmachen? Auch hier dürfen Alltagsinstrumente oder auch vorhandene Instrumente benutzt werden – der Kreativität sind keine Grenzen gesetzt!

**Konzentrationsübung bzw. Abschluss der Einheit**: der ruhende Klang. Wir verwenden eine Klangschale bzw. einen Gong oder ein Becken. In einem Sitzkreis reichen wir den Klangkörper von Kind zu Kind. Er wird jeweils angeschlagen, und wir hören den Klang, bis er nicht mehr wahrnehmbar ist. Erst dann darf der Sitznachbar den nächsten Ton zum Klingen bringen. Hier erzeugt die körperliche Ruhe die innere Ruhe und Konzentration!

**Tagtraum:** Wir legen uns alle auf den Boden und verharren mindestens 3 bis 5 Minuten in Stille. Was hören wir? Das Atmen, Geräusche von der Straße oder außerhalb des Zimmers? Dies ist eine Entspannungsübung und zugleich eine Wahrnehmungsübung. Wir erzählen uns am Ende der Übung, was wir gehört, gedacht, gefühlt haben.

## Vertiefung

**Vertiefungsübung:** Förderung der Aussprache und Mundmotorik. Wir versuchen gemeinsam – sozusagen im Chor – bekannte Lautbeispiele zu singen, zu rufen. Diese Übung sollte möglichst exakt durchgeführt werden. Wir können beispielsweise pfeifen, die Feuerwehr nachahmen oder imitieren, wie die Bienen summen. Als Variante können wir die Parameter „laut/leise", „langsam/schnell" üben!

K1
S. 178

**Musiktheoretische Vertiefung:** Wir versuchen die ersten Noten zu malen. Die Viertelnote als eher langsamere Note, die bei einem ruhig Schreitenden einem Schritt gleicht, und die Achtelnote, die doppelt so schnell mit ihrem Fähnchen einem eher schnellen Schritt ähnlich ist. Wer nicht malen möchte, kann die Notenwerte auch in der Bewegung in Form eines Tanzspiels erlernen.

## 1.2 Lerneinheit

## Laterne, Laterne – Sonne, Mond und Sterne

**Ziel der Lerneinheit**

Die Laternenzeit ist nach den Sommerferien meist der erste Anlass, um ein gemeinsames Fest zu feiern, im Vorfeld zu basteln, zu planen, Lieder einzustudieren und die Eltern einzuladen. Unsere Lerneinheit steht unter dem Grobthema der Wahrnehmung. Was könnte im Vorfeld oder während eines Festes wichtiger sein, als die eigene Wahrnehmung bzw. die der Gruppe und unserer Familien? Zudem ist das Laternenfest das erste Fest im Schuljahr, das die dunkle, gemütliche Jahreszeit widerspiegelt. Kerzen, Beleuchtung, eine gedämpfte Atmosphäre und das eigene Empfinden sollten im Mittelpunkt stehen.

Wir wollen im Verlauf dieser Lerneinheit das Laternenfest planen, eigene Gedanken zur Vorbereitung einbringen und umsetzen, auf diesem Weg unsere Gruppe kennenlernen und uns und unsere Gefühle und Ängste vor oder während dieser Vorbereitungszeit – und natürlich auch am Festtag – einschätzen und bewältigen.

**Materialtipp**

Bereits im Vorfeld gebastelte Laternen als Dekoration oder Anregung – wenn vorhanden elektrische Laternenstäbe, natürlich auch Material zum Basteln von Laternen, wenn die Zeit vorhanden ist. Bunte Chiffontücher und eventuell einige Rhythmik-instrumente. Kerzen, LED-Kerzen und eine Taschenlampe.

**Grundthema**

Die alljährlichen Feste sind wichtig, fördern die Gruppendynamik und bieten immer wieder eine Grundlage, um gemeinsam mit den Eltern zu feiern und zu musizieren. Nicht zuletzt bieten sie den Kursleitern/Pädagogen die Möglichkeit, den Eltern eine Facette ihrer Arbeit vorzuführen und das Selbstbewusstsein der Kinder zu stärken. Diese wiederkehrenden Lerneinheiten erarbeiten wir eher konservativ – indem

Elementarinstrumente eingesetzt, klassische Lieder und Riten einstudiert werden, und indem gebastelt und dekoriert wird. Vor unseren Elternaufführungen wird der Raum geschmückt und das Fest – unsere Aufführung für die Eltern – vorbereitet. Mit Sicherheit werden sich in jeder Gruppe Eltern finden, die kindgerechte Kleinigkeiten zur Verköstigung der Gruppe vorbereiten – dies rundet unser Fest ab!

K 2
S. 179

**Grafik**
Laternen – zum Ausmalen – in unseren Lieblingsfarben

## Varianten

**Das wandernde Lied:** Jede Gruppe studiert ein oder zwei Laternenlieder ein. Wir wählen in unserem Sitzkreis ein Laternenlied aus; der Kursleiter beginnt zu singen und stoppt an einer beliebigen Stelle. Der Nächste im Sitzkreis oder ein ausgewähltes Kind (durch Zurollen eines Balles) singt an dieser Stelle weiter. Dieses Singspiel erfordert Liedkenntnis, Konzentration und eine kleine Portion Mut – schließlich muss man vor der Gruppe singen!

**Laternenwäscheleine:** Gruppen mit größeren Kindern im Vorschul- oder Grundschulalter eignen sich auch für Bastelarbeiten. Eine Laterne zu basteln lässt sich fast nur mit Elternhilfe bewerkstelligen. Unsere Laternenwäscheleine jedoch wirkt bunt, eignet sich als Requisite für unsere Elternaufführung und kann problemlos allein mit der Gruppe bewältigt werden. Aus Zeitgründen sollte der Kursleiter Pappen in Laternenform vorab ausschneiden und mit einem Loch an der oberen Kante versehen. Jedes Kind kann sich auf Vorder- und Rückseite die eigene Laterne in den Lieblingsfarben gestalten. Wir können mit Wachsmal- oder Acrylfarben oder auch mit Wasserfarben arbeiten. Am Schluss können die Laternen auf die Leine gefädelt werden und dienen uns als Festgirlande am Laternenfest!

**Taschenlampentanz:** Der Raum wird abgedunkelt (möglichst so, dass wir uns noch schemenhaft erkennen und Rempeleien bzw. kleineren Unfällen vorbeugen). Ein Kind oder der Kursleiter hat die Taschenlampe und gibt mit dem Lichtschein eine Linie, Bewegungen oder einen Rhythmus vor. Die Gruppe bewegt sich im Takt nach dem Lichtschein – wir können hüpfen, schleichen, tapsen oder eine andere beliebige Bewegungsart finden. Es empfiehlt sich eine eher ruhige Musik als Begleitung zu wählen und die Kinder auf die Verletzungsgefahr im Dunkeln hinzuweisen.

**Schattensuche:** Ein Schattensucher wird ausgewählt und sollte den Kursraum für kurze Zeit verlassen. Die Gruppe versteckt sich in dieser Zeit – unter Tischen, hinter den Vorhängen, den Türen usw. ... Der wieder abgedunkelte Raum ist für unseren Schattensucher eine echte Herausforderung. Er muss mit der Laterne oder einer LED-Kerze seine Gruppenkameraden suchen. Es wird möglicherweise noch spannender, wenn wir vereinbaren, dass jeder „Gefundene“ absolut still bleibt und in einer Schlange mitsucht – bis der letzte „Versteckte“ gefunden wird!

## Vertiefung

**Vertiefungsübung:** Wir setzen uns in einem Sitzkreis auf den Boden und lauschen der Triangel oder einem anderen Rhythmikinstrument. Die Laternenzeit zeichnet sich dadurch aus, dass es früh dunkel wird (wir können auch unseren Raum abdunkeln), eine gewisse Ruhe und Gemütlichkeit entsteht, die wir als Auszeit im Alltag bzw. zur Beruhigung nutzen können. Wir schließen die Augen und lauschen dem Rhythmus, verinnerlichen das Zählen auf zwei, drei oder vier, klatschen, schwingen oder nicken dazu ... In einem Sitzkreis bei abgedunkeltem Licht kann dies eine sehr konzentrierte Übung zur Förderung des Taktgefühles sein; selbstverständlich kann diese Übung an das Ende der Lerneinheit gelegt und mit einem gemeinsamen Lied beschlossen werden.

**Musiktheoretische Vertiefung:** Und wieder verdunkeln wir unseren Kursraum. Mit dieser Übung wollen wir unser Gehör trainieren und einfache Instrumente kennenlernen bzw. wiedererkennen. Der Kursleiter vereinbart mit den Kindern die Regeln unseres Ratespieles. Wir lernen am Anfang der Stunde unsere Instrumente kennen; hier können Elementarinstrumente, Alltagsinstrumente oder auch Instrumente, die Kinder mitbringen können, verwendet werden. Wir legen uns mit geschlossenen Augen auf den Boden und ein Kind bzw. der Kursleiter lässt die Instrumente erklingen. Wer erkennt die Instrumente?

K 3
S. 180

# 1.3 Lerneinheit
## Glocken

**Ziel der Lerneinheit**

Es gibt ganz unterschiedliche Arten von Glocken: Kirchenglocken, das Glöckchen am Schlitten oder unter dem Weihnachtsbaum, die Glocken der Kühe auf der Alm oder auch die Glocken im musikalischen Bereich, z. B. das Glockenband. Selbst in der Faschingszeit hört man kleine Glöckchen an vielen Kostümen ... In dieser Lerneinheit wollen wir die unterschiedlichen Glocken und deren Klänge kennenlernen, uns über die eventuell schon erlebten Situationen austauschen, den Klangunterschied zwischen großen und kleinen Glocken herausarbeiten und helle und dunkle Töne unterscheiden lernen. Durch das Erspüren von Klängen – etwa anhand des sprichwörtlichen Kribbelns im Bauch – werden wir unserem übergeordneten Thema der Wahrnehmung Rechnung tragen. Jeder von uns kennt das Vibrieren im eigenen Körper, wenn wir z. B. bei Glockengeläut vor einer Kirche stehen!

**Materialtipp**

Glocken in allen Formen und Farben: Weihnachtsglöckchen, das winzige Glöckchen an den bekannten Schokoladenosterhasen, Kuhglocken, Glockenbänder usw., auch ein Glockenspiel.
Um den Klang als solchen selbst zu erzeugen, benötigen wir Gläser in verschiedenen Größen, Wasser und Gabeln (sollte der Kursleiter besorgen, um Verletzungen vorzubeugen).

**Grundthema**

Das Thema Glocken steht unter dem Kapitel der Wahrnehmung. Wie schon erwähnt, können Glockenklänge in unterschiedlicher Art und Weise wahrgenommen werden; von angenehmen, hellen Klängen bis zu einem mächtigen, lauten und körperlich spürbaren „Glockengedonner", beispielsweise vor einer Kirche. Angepasst an die Gruppe und die uns zur Verfügung stehenden Räumlichkeiten können wir eine eigene Glockenauswahl sammeln und damit experimentieren. Wir könnten jedoch auch eine örtliche Kirche besuchen, vielleicht sogar den Glockenturm besteigen. Dies lässt sich meist leicht mit den Eltern organisieren. Nachfolgend finden sich einige Beispiele für Klangerfahrungen mit Glocken oder ähnlich klingenden Alltags- bzw. Elementarinstrumenten.

**Grafik**

Verschiedene Glocken zum Ausmalen

## Varianten

**Schwingen und Klingen:** Eine Bewegungsübung mit musischer Begleitung oder eigenem Gesang. Wir stellen uns vor, dass wir Glocken sind und uns entsprechend bewegen. Wir schwingen von einem Bein auf das andere, nehmen die Arme schwungvoll mit: Die kleinen, schnellen Bewegungen symbolisieren kleine, hell klingende Glöckchen, während langsamere, große Schwünge große Glocken nachahmen. Wir singen: „Ding, ding, ding ...“ für die kleinen Schlittenglöckchen und „Dong, dong, dong ...“ für unsere mächtige Kirchenglocke ... Als musische Begleitung kann ganz klassisch „Bruder Jakob“ gewählt werden oder auch nach Lust und Laune klassische Musik!

**Ton im Wasserglas:** Häufig haben wir Gruppen, die gerne experimentieren und kreativ arbeiten möchten. Allerdings gibt es nicht immer die Möglichkeit, viele verschiedene Glocken herbeizuschaffen. Daher versuchen wir mit dieser Aktivität glockenähnliche Töne selbst zu erzeugen. Wir stellen verschiedene Gläser auf und füllen sie unterschiedlich hoch mit Wasser. Wichtig sind die unterschiedlichen Glasformen, jedoch auch die verschiedenen Füllhöhen. Wir schlagen die Gläser mit einem Triangelstab oder einfach einer Gabel an und werden feststellen, dass ganz unterschiedliche Töne und Tonhöhen entstehen (Vertiefung möglich, siehe nächste Seite).

**Klangrätsel:** Ein Kind zieht sich mit eventuell vorhandenen Glocken oder glockenähnlichen Instrumenten (Triangel, Glockenband, Glockenspiel ...) zurück. Die Gruppe sollte möglichst nicht sehen, welche Klangkörper verwendet werden. Nun beginnt unser Klangraten. Die Gruppe legt sich mit geschlossenen Augen auf den Boden und lauscht. Wer das Instrument oder die Art der Glocke erkennt, meldet sich und darf einen Tipp abgeben. Diese Übung eignet sich auch gut als Ruhepause.

K 4
S. 181

**Glockenturm:** Eine gemeinsame Exkursion ist mit Sicherheit für Kinder im Vorschul- oder Grundschulalter ein einprägsames Erlebnis. Deshalb sollte man unbedingt einplanen, einen Turm der Kirche zu besteigen, die großen Glocken zu bewundern, zu erfahren, wie sie hergestellt werden und dem lauten Klang zu lauschen (gegebenenfalls mit Elternbegleitung zur Sicherheit).

**Glockenorchester:** Wir bilden kleine Gruppen und verteilen die Instrumente. Jede Gruppe hat ein eigenes Klangbild, das im ersten Schritt in eigenen Worten beschrieben wird. Wir versuchen unser Glockenkonzert gleichzeitig zu spielen, abwechselnd, laut und leise oder als Kanon. Bei dieser Übung, die sich natürlich auch mit beliebigen Instrumenten ausführen lässt, sollte der Kursleiter einen Grundschlag und je ein Zeichen für den Einsatz und das Ende des Musizierens mit der Gruppe vereinbaren. Der Begriff des Dirigenten kann hier gut erklärt werden, und mutige Kinder können auch als Dirigenten für die Gruppe agieren.

## Vertiefung

**Vertiefungsübung:** Unsere unterschiedlichen Wassergläser mit verschiedenen Füllständen müssen wir uns nochmals genauer anhören. Wir versuchen in absoluter Stille, die Wasserstände der Gläser so zu verändern, dass eine Tonleiter entsteht. Als Hilfe kann die Tonleiter auf dem Glockenspiel oder Klavier immer wieder vorgespielt werden. Ziel der Übung sollte das Spielen eines bekannten Liedes sein, etwa „Alle meine Entchen".

**Musiktheoretische Vertiefung:** Das Klingen einer Glocke ist dem Schlagen eines Metronoms ähnlich, jedenfalls gleichförmig taktgebunden. Wir lernen den Begriff des Taktes kennen, klatschen oder stampfen mit Begleitung des Kursleiters auf 2, 3 oder 4 und versuchen den ersten Schlag im Takt (die „1") etwas stärker zu betonen. Selbstverständlich können auch Elementarinstrumente mit einbezogen werden.

**Ergänzungsgeschichte:** Die Giraffe Giri im Reich der Klänge (s. S. 23)

## Mitmachgeschichte

### Die Giraffe Giri im Reich der Klänge

Oje, oje! Mama Giraffe drängelt heute so auf dem Weg zum Kindergarten. Eigentlich hätte die Giraffenmama ihr kleines Giraffenmädchen Giri doch auch mit zur Arbeit nehmen können, oder? Aber nein, jetzt muss die kleine Giri wieder in den Tierkindergarten gehen, zu den anderen Tierkindern in die Schutzengelhütte, die mitten im Wald steht. Die kleine Giri fürchtet sich immer ein bisschen, weil die anderen Kinder laut und frech sind. Dennoch gibt sie der Mama jetzt wie jeden Tag zum Abschied tapfer ihr kleines Giraffenküsschen und stolziert in die Schutzengelhütte hinein.

*Aktivität „fröhliches Musizieren": nach Verfügbarkeit können Instrumente aller Art verwendet werden.*

Doch was hört Giri da? Nein, nicht das übliche Lärmen, Schreien, Streiten und Lachen – da ist ein heller Klang, mal hoch, mal tief, plötzlich laut und dann wieder ganz leise. Das fröhlich klingende Geräusch kommt von einem hell glitzernden

Dreieck, das die Katzendame Luna in die Höhe hält und mit einem Stab anschlägt. Es ist eine Triangel!

„Giri, schön, dass du auch da bist“, begrüßt die Katzendame Luna das Giraffenmädchen. „Wir haben heute eine Triangel und ein Glockenspiel in unserer Musikstunde. Damit kann man die schönsten Geschichten erzählen.“ In ihrem großen Korb hat Frau Luna noch Klangstäbe, ein Glockenspiel, kleine und große Trommeln sowie Rasseln aller Art.

*Aktivität „Klänge lesen“: Welche Gegenstände, Dinge, Geräusche verbinden die Kinder mit den gehörten Klängen? Wir ordnen unseren Klanggeschichten bestimmte Gesichter und Mienen zu.*

Und tatsächlich: Die Triangel kann ganz leise Töne von sich geben, fast wie Glöckchen an einem Schlitten im Winter. Frau Luna entlockt dem Instrument aber auch ganz laute Klänge, dann klingt es wie lautes Vogelgezwitscher.

„Die Kinder, die die Triangel ausprobiert haben, dürfen zu mir an das Glockenspiel kommen“, sagt Frau Luna jetzt. Dort hören sich die hohen Töne ebenfalls wie helle Glöckchen an, die tieferen Töne jedoch klingen wie schwere Kirchenglocken.

Bald musizieren die Tierkinder mit allen Instrumenten, einzeln und in Gruppen, sie tanzen dazu und überlegen sich schließlich Geschichten, die sie mit anderen, neuen Klängen begleiten möchten.

*Aktivität: „Geschichten erfinden“ und pantomimisch nachspielen.*

Die kleine Giri hat sich diese Geschichte ausgedacht: Die Tierkindergruppe aus der Schutzengelhütte macht einen Ausflug in den Wald. Frau Luna kennt den Weg und führt die Kinder an. Giri, Alba und Brenda haben sich sofort zusammengetan und halten sich voller Freude fest an der Hand. Einstein, der Papagei, flattert Brenda auf die Schulter, da können ihm die anderen Rabauken nichts tun.

Murik, der Dachs, und Luki, der Fuchs, sind die frechen Jungs. Da hat Frau Luna ihre Müh' und Not! Die ganz kleinen Tierkinder – Mick, der Welpe, Schnukke, die Schildkröte, und Stups, der Hase – verstecken sich hinter Frau Luna. Das ist für Frau Luna nichts Unbekanntes: Sie nimmt die kleinen Neulinge zu sich und marschiert vorneweg.

Der Wald ist noch feucht, riecht frisch, und Wassertropfen perlen von den unzähligen Blättern. Ein leichter Wind säuselt durch die Blätter und singt ein leises Lied. Mit jedem Schritt wird es anstrengender und lauter, denn die Tierkinder singen und klatschen im Takt und hüpfen dazu.

Plötzlich macht es „platsch!“, da liegt Mick, der kleine Hundewelpe, in einer riesigen Wasserpfütze und macht ganz aufgeregt Schwimmbewegungen. Aber keine Bange, schon zieht Frau Luna ihn aus dem Wasser. Sie summt leise und krault und massiert den kleinen Welpen. Er wird augenblicklich ganz ruhig. Die erschrockenen Tierkameraden sind ganz leise und summen beruhigend mit.

Der Marsch durch den Wald geht weiter. Schnaufend trotten die Tierkinder den Berg hinauf, ausgelassen und federnd kommen sie später wieder herunter. Da liegt ein riesiger Baumstamm im Weg. Was tun? Die Kinder versuchen mit einem großen Satz hinüber zu hüpfen, und allen gelingt es, bis auf Schnukke. Sie schafft es nicht. Können ihr die Kameraden helfen?

*Aktivität: „Geschichten zu Ende erzählen“. Hier sind der Kreativität und dem Einfallsreichtum der Kinder keine Grenzen gesetzt. Dabei ist es sinnvoll, wenn sich die Lehrkraft Notizen macht, damit die Geschichten in den Folgestunden nachgespielt werden können.*

Was für ein erlebnisreicher Tag im Wald und in der Schutzengelhütte! Die Tierkinder wollen heute gar nicht nach Hause gehen. Zum Abschied gibt ihnen Frau Luna noch eine kleine Aufgabe mit auf den Weg. „Kinder, bitte überlegt euch bis morgen, welche Instrumente oder welcher Gegenstand sich hell und lustig anhören und welche eher dumpf und traurig!“ Die Tierkinder versprechen es und freuen sich schon auf den nächsten fröhlichen Tag im Tierkindergarten!

*Aktivität: „Welche Gegenstände klingen wie in der Wohnung?“ Töpfe, Becher, Schüsseln, Schlüssel … aber bitte vorsichtig damit umgehen!*

## 1.4 Lerneinheit
### Große Uhren, kleine Uhren

**Ziel der Lerneinheit**
Erneut wollen wir eine Facette der körperlichen Wahrnehmung mit möglichst viel Spaß erarbeiten. In dieser Lerneinheit geht es um das Spüren des eigenen Körpers, eine bewusste aufrechte Haltung und diverse Bewegungsmöglichkeiten. Wir trainieren den taktilen Sinn durch Berührungen, den Bewegungssinn (kinästhetischer Sinn) und den Balancesinn. In einer Lerneinheit werden wir dieses Thema nur teilweise beleuchten können; je nach Reife der Gruppe sollte man daher die Aktivitäten so auswählen, dass kleinere Kinder nicht durch Begriffe überfordert werden, größere Kinder jedoch schon Bewegungen und Aktivitäten bewusst benennen und ausführen sollten. Das Ticken verschiedener Uhren ist hier ein leicht verständlicher „Aufhänger" aus dem Alltagsleben der Kinder, der unsere Bewegungsspiele taktgebunden steuert.

**Materialtipp**
Taschenuhren, größere Uhren, Spieluhren (keine Digitaluhren – wir benötigen das Ticken), ein Metronom, Klangstäbe, bunte Schwungtücher, Federn, Wattebäusche oder Luftballons

**Grundthema**
Für Kinder im Vorschul- oder Grundschulalter bedeutet Bewegung Aktivität und Unterhaltung. Bewegungen jeglicher Art kommen einem Grundbedürfnis kleiner Kinder nahe und werden mit jedem Lebensjahr überlegter und gesteuerter. Motorik bewusst spüren und einordnen zu können müssen Kinder erst lernen. Hierzu wollen wir unter Berücksichtigung der individuellen körperlichen Voraussetzungen der Schüler beitragen und ganz unterschiedliche Bewegungsarten kennenlernen bzw. benennen.

K 5
S. 182

**Grafik**
Was haben die folgenden Gegenstände – Ball, Uhr, Pinguin, Bär, Vogel, Maus – gemeinsam, und wie unterscheiden sie sich? Gespräch in der Gruppe und anschließendes Ausmalen.

### Varianten

**Aktivitäten-Mix:** Wir nehmen unsere Ausmalbilder zum Anlass und benennen die verschiedenen Bewegungsarten. Im freien Tanz gibt der Kursleiter die entsprechenden Anweisungen (schleichen wie der Fuchs, stampfen wie der Bär usw.), und die Kinder ahmen die Bewegungen nach. Der aufmerksame Wechsel in die jeweils andere Bewegungsart ist wichtig – man kann auch eine Art Reaktions- oder Stopptanz daraus entwickeln (dann sollte die Reaktion schneller kommen, bzw. bei „Stopp!" muss eine kleine Ruhepause ohne Bewegung eingelegt werden).

**1, 2, 3 – und dann?** Wir tanzen frei (die Kinder dürfen gerne auch ihre Lieblings-CDs mitbringen!). In regelmäßigen Abständen ruft der Kursleiter: „Eins, zwei, drei ...", und wir werden aktiv (Es folgt eine Aktivität wie Kriechen, Hüpfen, Stampfen usw.). Wie immer kann auch ein Kurskind die Funktion des Spielleiters übernehmen.

**Die schwebende Schneeflocke:** Nach viel Bewegung und unermüdlichem Üben der verschiedenen Bewegungsarten sollten wir jetzt etwas Ruhe in die Gruppe bringen. Wir trainieren mit diesem Spiel unseren Balancesinn. Dazu stellen wir uns im Kreis auf und legen jeweils einen Wattebausch bzw. eine Feder auf unseren Kopf. Nun gehen wir mit aufrechter Haltung ruhig im Kreis. Die „Schneeflocke" sollte möglichst auf unserem Kopf bleiben, wir dürfen jedoch auch nicht unseren Vordermann bzw. Nachfolger behindern. Als Variante können wir die „Schneeflocken" auch auf unsere ausgestreckte Hand legen und uns so durch den Raum bewegen ...

**Uhrentanz:** Um das Thema der Uhren ein letztes Mal aufzugreifen, nimmt sich jedes Kind ein buntes Schwungtuch. Wir stellen uns im Kreis auf und versuchen mit ausgestreckten Armen und Beinen, das Tuch mitschwingend, einen großen Uhrenschlag nachzuahmen, dann einen kleineren, schnelleren Uhrenschlag; zum Schluss spielen wir eine kleine, schnell tickende Taschenuhr, also mit kleinen, schnellen Bewegungen. Dazu singen wir „Große Uhren machen tick-tack, kleine Uhren machen ticke-tacke, und die kleinen Taschenuhren machen tick-tack-tick-tack ...", dies alles natürlich im entsprechenden Tempo.

## Vertiefung

**Vertiefungsübung – Rate mal!** Wir unterteilen unsere „Rasselbande" in kleine Gruppen mit jeweils zwei bis drei Kindern. Jede Gruppe zieht sich zurück und überlegt sich fünf Tiere oder Dinge, die sie vorführen möchte. Die Tiere oder Dinge sollten sich in den charakteristischen Bewegungen deutlich unterscheiden. Jede kleine Gruppe sollte nach einer Viertelstunde ein DIN-A4-Blatt mit Symbolen für die Vorführung gemalt haben und dann die anderen Gruppenmitglieder raten lassen.

**Musiktheoretische Vertiefung – *Let's dance!*** Ganz unabhängig davon, welche Bewegungsarten wir bisher geübt oder kennengelernt haben, versuchen wir nun den Grundstein für das Tanzen zu legen. Dem anfänglichen Spüren der Bewegung folgen das Benennen und schließlich das gesteuerte Einsetzen der Bewegung mit Musik – der Tanz stellt in diesem Spiel den gezielten Ausdruck unserer erlernten Bewegungen dar! Dazu bilden wir Paare, kleine Kreise oder einen großen Kreis, eine Schlange (Polonaise) und vereinbaren Regeln/Bewegungsarten für unser Tanzfest. Welche Bewegungsarten wir auch immer aneinanderreihen – die Kinder sollten

Rücksicht auf die Tanzpartner nehmen und sich abstimmen. Es kann z. B. auch vereinbart werden, dass man sich an den Händen, am Rücken, am Kopf usw. berührt.

# Mitmachgeschichte

## Giri tanzt

Giri, das kleine Giraffenmädchen, hat lange, dünne Beinchen und ein sehr auffälliges Fell. Es leuchtet in kräftigen Gelb- und Brauntönen. Jeden Morgen, wenn Giri mit ihrer Mama die Tür des Tierkindergartens öffnet, wird es dem Giraffenmädchen schon ganz mulmig. Das liegt einfach daran, dass alle Tierkinder Giri anstarren, oder noch schlimmer: sie tuscheln und lachen ...

Auch heute ist das wieder der Fall. Aber Giri ist tapfer: Sie gibt ihrer Mama ein Giraffenküsschen und stolziert in ihre Gruppe – obwohl ihr kleines Herz flattert!

Die Woche hat mit schrecklichem Wetter begonnen. Und da es stürmt und regnet, möchte Frau Luna, die Katzendame, mit den Tierkindern tanzen!

TANZEN? Das wird ja immer schlimmer, denkt Giri, erst lässt mich die Mama allein, und jetzt soll ich auch noch **vor allen anderen** mit meinen langen wackeligen Beinen tanzen! Nein – das ist zu viel des Guten. Nein und nochmals nein!

Auch wenn es Giri nicht auffällt – die anderen Tierkinder haben die gleichen Sorgen. Sie sind zwar laut und frech, aber mutiger sind sie nicht!

„Giri, es geht gleich los! Fängst du mit unserem Kreistanz an?“, schlägt Frau Luna vor.

Giri druckst herum, versucht sich zu verstecken, aber es nützt ihr nichts. Auf wackeligen Beinen dreht sie sich im Kreis und wiegt sich hin und her und hin und her ...

Es ist ganz still geworden – und die Augen der Tierkinder werden ganz groß.

*Aktivität: Großen Kreis bilden, in Paaren tanzen, mehrere kleine Kreise bilden – am besten auf Zuruf der Erzieherin, auch als Reaktionstanz!*

„Giri, wo hast du das denn gelernt?“, ruft eines der Alpaka-Kinder.

„Das schaffe ich nie mit meinen kurzen, dicken Beinen!“, jammert Brenda, das Wildschwein-Mädchen.

„Giri, kannst du mit uns üben?“, will Stups, der kleine Hase, wissen. „Du bist ja girifantös!“

Schließlich nimmt Giri ihren ganzen Mut zusammen und fordert einige schüchterne Kinder zum Tanzen auf. Dass sie immer wieder mit ihren langen Beinchen umknickt, fällt zum Glück niemandem auf!

*Aktivität: Beim „Wettertanz“ bewegt sich die Gruppe frei. Auf Zuruf werden bestimmte Bewegungen getanzt: „die Sonne“ (mit gestreckten Armen in die Sonne tanzen); „der Regen“ (wir schützen uns gegen den Regen mit unseren Armen, Körper gebückt); „der Schnee“ (wir fangen ausgelassen die Schneeflocken); „Blitz und Donner“ (wir trampeln mit aller Kraft auf den Boden usw.).*

Jetzt ist dieser Regentag doch noch ganz lustig geworden. Aber irgendwann geht auch er zu Ende, und alle Tierkinder ziehen sich in der Garderobe der Schutzengelhütte an.

Doch da staunt unsere kleine Giri nicht schlecht! Nach diesem Tanztag wollen alle Tierkinder noch mit ihr im Garten spielen. Mama muss sehr lange am Zaun stehen bleiben und warten, bis ihr Giraffenmädchen endlich Zeit hat, mit nach Hause zu gehen.

Am nächsten Morgen macht Frau Luna, die fürsorgliche Katzendame, mit der Tanzstunde weiter. Es werden ganz große Kreise gebildet, die Jungs und die Mädels schließen jeweils einen Kreis und dann sucht sich jedes Tierkind einen Tanzpartner. Giri greift sofort nach der Pfote von Brenda, dem Alpakamädchen. Streifli, das Wildschweinkind, tanzt mit Murik, dem frechen Dachs. Der Papagei Einstein hüpft auf dem Rücken des Hundewelpen Wolle herum – und so weiter und so fort …

Die Schutzengelhütte bebt und wackelt. Da denkt keiner mehr daran, den anderen auszulachen oder sich selbst zu blamieren. Es macht einfach nur tierisch Spaß!

*Aktivität: Verschiedene Tanzfassungen, mit namentlichem Auffordern, eventuell Hilfsmittel in Form eines runden Tuches oder eines Reifens …*

## 1.5 Lerneinheit

### Eine weiße Gestalt steht vor dem Haus

**Ziel der heutigen Lerneinheit**

Dieses Thema steht ohne Zweifel in einem jahreszeitlichen Zusammenhang und wird somit gerne in der Winterzeit eingeplant. In dieses große Kapitel der Wahrnehmung gehören die Empfindungen im Winter, des Schnees und der damit verbundenen Klänge und Gefühle, ebenso das Kennenlernen bzw. Wiederholen bestimmter Rituale in der kalten Jahreszeit. Durch geeignete Spiele und Aktivitäten erfahren wir die klirrende Kälte des Winters und anschließend die wohlige Wärme. Es sollen unterschiedliche Angewohnheiten und Gebräuche erfahren und verglichen werden. Sollte tatsächlich Schnee liegen, haben wir das Glück, dass unsere Aktivitäten auch außerhalb des Gruppenraums stattfinden können ...

**Materialtipp**

Winter- oder auch Weihnachtsmusik, Glockenspiel, Schnee, Eiswürfel, Wattebäusche, Sandförmchen oder andere Behältnisse, um den Schnee (wenn er vorhanden ist) abzufüllen; Kerzen (aus Wachs oder auch LED-Kerzen) und ggf. schneefeste Kleidung für die Kinder, mit Handschuhen und Mützen!

**Grundthema**
Da dieses Thema gerne nach Weihnachten in der kalten, eher tristen Winterzeit auf dem Plan steht, fehlt uns natürlich ein gemeinsames Fest bzw. ein eindrückliches Gemeinschaftserlebnis. Sollten wir das Pech haben und es liegt kein Schnee, stehen wir vor der Schwierigkeit, dieses Wintererlebnis mit Kreativität und Fantasie nachstellen zu müssen ... Das Ziel unserer Aktivitäten ist das körperliche Wahrnehmen von Kälte mittels Schnee (oder zur Not auch Eiswürfeln), die Klangvielfalt unserer Materialien kennenzulernen sowie den Gegensatz, das wärmende Feuer, zu spüren. Wenn uns ein lustiger Abschluss der Stunde im Schnee nicht möglich ist, bietet sich die Möglichkeit, eine Wintergeschichte im Kerzenschein einzuflechten. In diesem Fall können wir zudem einen Sitzkreis einplanen. Dabei wäre es schön, etwas über die Winterbräuche verschiedener Nationen, traditionelles Essen usw. zu erfahren.

**Grafik**
Schneeflocken können ganz verschiedene Formen haben ... wie stellen sich die Kinder das Gebilde einer Schneeflocke vor? Für die älteren Kinder kann der Kursleiter verschiedene Kristallformen vorgeben, die jüngeren können auch eigene Schneeflocken „entwerfen".

## Varianten

**Schneeförmchen:** Gehen wir vom Idealfall aus: Es liegt Schnee, und wir können einen Teil der Stunde in den Pausenhof, vor das Gebäude oder auch einfach nur vor unseren Gruppenraum verlegen. Wir benutzen dann unsere Sandförmchen, Sandschaufeln usw. und formen ganz verschiedene Motive. Natürlich können wir auch einen Schneemann oder ein Iglu bauen – wichtig ist es, die Beschaffenheit des Schnees und dessen Temperatur kennenzulernen; auch der Spaß, der damit verbunden ist, soll nicht zu kurz kommen. Anfangsrituale bzw. die Anfangs- und Abschlusslieder werden einfach in die freie Schneenatur verlegt!

**Eiswürfel-Klang:** Sollte kein Schnee fallen, müssen wir – wie so oft in unseren Breiten – improvisieren. Dazu können wir beispielsweise verschiedene Glasgefäße (Einmachgläser, Vasen, kleine Teelichte etc.) mit Eiswürfeln füllen. Bereits das Geräusch beim Einfüllen klingt ganz unterschiedlich, und dann fühlt es sich mit jeder Minute kälter an. Schließlich – je nachdem, wie wir die Eiswürfel umschichten – verändern wir die Klänge ...

**Flockentanz:** Dieser Tanz ist im Freien ein Riesenspaß, wenn es schneit oder genug Schnee liegt. Gehen wir aber davon aus, dass wir keinen Schnee haben, können wir jedem Kind ein oder zwei Wattebäusche zur Verfügung stellen. Auf eine frei gewählte Musik (möglichst rein instrumentaler Natur ohne Gesang) tanzen wir frei. Unsere Wattebäusche/Schneeflocken müssen dabei auf den Handflächen, dem Kopf oder auf den Schultern liegen bleiben – ein Balanceakt! Im zweiten Schritt lassen wir die Schneeflocken hüpfen und tanzen. Wir werfen sie hoch und fangen sie auf. Wer seine Flocke fallen lässt, scheidet aus.

**... aus dem Tag herausfallen:** Was passiert, wenn sehr schnell sehr viel Schnee fällt? Wir besprechen uns in unserem Sitzkreis. Wenn die Straßen weiß werden und die Autos nicht weiterfahren können? Wenn der Bus zu spät kommt und Mama klagt, weil sie ihre Termine nicht mehr schaffen kann? Dann ist Winter, und die Uhren laufen langsamer ... Was können wir tun, wenn wir unverhofft Zeit gewonnen haben und quasi aus dem Alltag herausfallen? Wir versuchen unsere Ideen in einfachen Bildern aufzumalen und der Gruppe vorzustellen. Hierbei sollten Farben, Symbole und alle kreativen Ideen eine Rolle spielen. Diese Aufgabe kann natürlich auch in kleinen Gruppen bewältigt werden.

## Vertiefung

**Übung „Die Stille des Schnees":** Ist den Kindern schon einmal aufgefallen, was passiert, wenn viel Schnee in kurzer Zeit fällt? Wir besprechen dies in unserem Sitzkreis und sammeln Eindrücke. So können Kinder etwa davon erzählen, wie Papa mit dem Auto nicht mehr vorankam, Mama Schnee schippen musste oder jemand auf dem Gehweg ausgerutscht ist ... Was fällt uns noch auf bei starkem Schneefall? Wird es nicht gleich viel ruhiger in unseren Straßen? Das Knirschen des Schnees und das leichte Rieseln des Schneefalls dämpfen viele Alltagsgeräusche. Wir versuchen den Klang einiger Instrumente mithilfe von Tüchern zu dämpfen. Welchen Effekt haben die gedämpften Alltagsklänge? Beruhigen uns die leiseren Töne?

**Musiktheoretische Vertiefung – „Winterklangerlebnis":** Welche Instrumente eignen sich für unsere Wintermusik? Das von uns komponierte Schneeflockenstück sollte das sanfte Fallen der Schneeflocken und die gedämpften Klänge des Alltags widerspiegeln. Mit unseren Kurskindern sollten wir im ersten Schritt die Instrumente auswählen – das Glockenspiel, die Triangel, ein Schellenband, eine Trommel mit Schellen und eventuell ein Becken zum sanften Streichen von Klängen bieten sich an. Wir üben laut und leise, *crescendo* und *decrescendo* zu spielen – alle miteinander, abwechselnd oder auch in Begleitung zu einer Wunschmusik!

# 1.6 Lerneinheit

## Ein Abenteuer im Keller

**Ziel der Lerneinheit**

Heute unternehmen wir zum Thema Wahrnehmung auf unterhaltsame Art und Weise einen Ausflug in unseren Keller. Mit dabei ist unsere Katze Miu. Aus eigener Erfahrung – vielleicht noch aus Kindertagen – wissen wir, dass der Gang in den Keller mit gemischten Gefühlen erledigt wird. Es ist dort dunkel, oft auch recht kühl, und vielleicht umgibt uns der Geruch von Äpfeln, Kartoffeln oder anderen gelagerten Lebensmitteln. In dieser Lerneinheit wollen wir ein Kellerabenteuer erleben und diesen geheimnisvollen Ort mit allen Sinnen erschließen: Wir wollen fühlen, riechen, hören und sehen ...

**Materialtipp**

Dinge, die wir an sich auch im Keller finden könnten, z. B. Blumentöpfe, altes Geschirr, einen Putzeimer, Besen oder Kehrblech ... Damit wir auch riechen können, wäre es prima, wenn wir einige Äpfel und Kartoffeln oder andere Lebensmittel hätten. Zudem können unsere Kurskinder zuvor im eigenen Keller auf Spurensuche gehen und eventuell einige Kostbarkeiten oder Raritäten mitbringen – natürlich in Absprache mit den Eltern!

**Grundthema**
Wir stellen uns einen Keller bildlich vor ... die Fenster sind oft recht klein, es riecht mitunter nicht so frisch wie im Haus oder draußen ... Dann setzen wir Sonnenbrillen auf, denn die Farben und Umrisse sind nicht so klar erkennbar, es ist ja viel dunkler hier im Untergeschoss! Meist ist es auch etwas kühler, schließlich wird der Keller in der Regel nicht so beheizt wie die Wohnräume, und da kommt unser Temperaturgefühl ins Spiel. Auch der Geruchssinn wird angesprochen, indem wir bestimmte Lebensmittel, Obstsorten oder auch Gemüse „erschnuppern". Abschließend sprechen wir über unsere Gefühle, Fantasien oder Ängste – vielleicht ist es manchen Kurskindern doch etwas unwohl, wenn sie in den Keller gehen sollen?

**Grafik**
Wie sieht unser Keller aus – wir malen wahlweise den eigenen Keller oder einfach bestimmte Gegenstände, die wir aus dem Keller kennen ...

## Varianten

**Angst oder Neugier?** Eines unserer Kurskinder lässt sich die Augen verbinden. Wir wählen einige Lebensmittel aus und lassen unseren Kellerbesucher raten: Was kann er am Geruch erkennen?

**Kalt oder warm?** Wieder müssen wir einem Kursteilnehmer die Augen verbinden, oder wir verstecken ihn unter einer Decke. Dann bitten wir das Kurskind, die Schuhe und Socken auszuziehen und zu fühlen. Ein Gegenstand aus Metall, Plastik, Holz oder was uns sonst zu dem Thema einfällt wird ihm an die Füße gehalten. Kann er das jeweilige Material erfühlen? Zur Not kann er auch die Hände zu Hilfe nehmen.

**Was seh' ich da?** Wir stellen uns in einen Kreis und bedecken unsere Köpfe mit Chiffontüchern. Es können auch andere Tücher verwendet werden, allerdings sollte man gerade noch etwas hindurch sehen können. So geht es uns, wenn wir in den unbeleuchteten Keller gehen.

Was sehen wir noch? Es geht im Kreis: Jedes Kurskind versucht, sein Gegenüber, die Farben der Kleidung oder der Haare zu beschreiben oder andere Eindrücke wiederzugeben ...

**Herzklopfen!** Wir stellen uns in einer langen Reihe auf, ähnlich einer Polonaise, und tappen in gleichmäßigen Schritten die imaginäre Kellertreppe hinunter. Es wird uns schon leicht unwohl, und wir beginnen zu schleichen. Eigentlich wollen wir zurück, und doch haben wir den Auftrag, im Keller etwas zu holen. Während des Schleichens steigt unser Blutdruck, das Herz beginnt zu hämmern, und eines unserer Kinder erzählt eine kleine gruselige Geschichte. Es ist eventuell hilfreich, wenn im ersten Schritt der Kursleiter eine kleine Gruselgeschichte zum Besten gibt. Vielleicht können wir den Raum sogar abdunkeln!

## Vertiefung

Unsere mitgebrachten Dinge sind in der Regel auch Klangkörper. Ein Blumentopf, das alte Geschirr von Oma, eine Bürste oder ein Putzeimer erzeugen Klänge, wenn wir dagegen schlagen. Je nachdem, ob das Material mit Holz oder Metall angeschlagen wird, ergeben sich wiederum neue Klänge. In einem Sitzkreis versuchen wir im ersten Schritt zu klären, welche Klänge man als laut und leise, hoch oder tief, dumpf oder schrill bezeichnen kann. Unter Umständen haben die Kinder nicht viel dabei, dann sollte der Kursleiter vielleicht einige einprägsame Dinge beisteuern, etwa eine Gabel, einen Blumentopf oder eine Keramikschale, vielleicht ein kleines Gartengerät aus Metall oder eine Kehrichtschaufel. Entscheidend ist die gefühlte Erfahrung, die wir mit bestimmten Materialien machen. Metall oder Keramik fühlt sich recht kalt an, Leder, Bast oder Holz eher wärmer ...

**Musiktheoretische Vertiefung:** Nachdem wir uns Gedanken über Klänge und die Wirkung der Materialien auf unseren Körper gemacht haben, beziehen wir vorhandene Elementarinstrumente oder andere Instrumente ein und vergleichen die Klänge. Wir benennen die Instrumente und ordnen sie nach den genannten Eigenschaften den mitgebrachten Alltagsinstrumenten zu. Eine Zuordnung könnte beispielsweise sein, dass der metallische Klang einer Schaufel oder eines Topfes mit dem Glockenspiel verglichen wird usw. Ziel der Vertiefung ist natürlich, dass unsere Schüler verschiedene Instrumente benennen können, das Aussehen und Material kennen und vielleicht sogar eine kleine Musikaufführung vorbereiten können. Mittels einer Übersicht teilen wir schließlich die Instrumente in Holz- oder Blechinstrumente ein. Gibt es außerdem Instrumente, die wir nicht im Raum haben, die die Kinder jedoch schon kennen?

# 1.7 Lerneinheit

## Wenn Bärenkinder schlafen ...

**Ziel der Lerneinheit**

Der Schlaf an sich und die Zeit davor sind für den Abschluss des Tages und für unseren Körper ganz entscheidend. Schlaflieder, Einschlafrituale und individuelle Angewohnheiten der Kinder (und Eltern!) sind ganz verschieden und vermitteln uns in der Regel Entspannung und ein Heimatgefühl. Nicht selten sind wir auf Reisen oder übernachten bei Freunden, und es fehlt uns das häusliche Ritual. In dieser Lerneinheit wollen wir die Geschichte des kleinen Tom miterleben, nachspielen, uns unsere eigenen Einschlafgewohnheiten erzählen und auch entspannende Szenen nachspielen und dabei zur Ruhe kommen. Mit dieser Lerneinheit regen wir die Kreativität und unsere Fantasie an. Wir lernen die Angewohnheiten anderer Familien und Nationen kennen und vertiefen unsere **emotionale** Wahrnehmungsfähigkeit.

**Materialtipp**

Bunte Chiffontücher, jeder bringt ein gemütliches Kissen mit oder auch ein Schmusetier, ruhige Musik oder auch die Lieblings-CD der Kinder.

**Grundthema**

Eine Traumgeschichte berichtet von den Erlebnissen des kleinen Tom. Mit Decken, Kissen und Kuscheltieren wollen wir es uns gemütlich machen und diese Geschichte hören. Im Anschluss oder auch davor erzählen wir uns in einer Sitzrunde, welche Angewohnheiten wir vor dem Einschlafen haben, welche Musik oder Geschichten wir hören, wie uns die Eltern auf dem Weg in den Schlaf begleiten ... Mit der vorgegebenen Geschichte und unseren Interpretationen, die daraus entstehen können, schulen wir – neben der emotionalen Komponente – auch unsere sensomotorische Wahrnehmungsfähigkeit.

## Varianten

**Fang den Schlaf ein – und wache wieder auf!** Wir legen uns ruhig auf den Boden, suchen eine gemütliche Position und strecken uns lang aus. Danach versuchen wir ganz bewusst die Luft ein- und auszupusten, zu gähnen und die Augen zu reiben. Die Kinder nehmen sich die mitgebrachten Kissen, Kuscheltiere oder Decken und machen es sich gemütlich ...

Wie geht es uns? Was haben wir heute erlebt? Haben wir uns über etwas geärgert, das uns jetzt gar nicht mehr so wichtig erscheint? An dieser Stelle folgt ein kurzer Austausch. Dann beginnen wir mit den Fingern zu schnipsen, zu klatschen, die Schultern kreisen zu lassen und mit dem Kopf zu nicken. Wir versuchen alle Körperteile zu wecken, reiben uns den Bauch, schütteln schließlich den ganzen Körper durch und rufen: „Wir sind wach!" Diese Übung sollte nicht länger als eine Viertelstunde dauern, die Kinder dürfen sich nicht zu sehr verausgaben. Sie sollten allerdings erfahren, dass eine kurze Pause „Wunder wirken" kann ...

**Traumspiel:** Am Anfang der Stunde haben wir uns unsere Träume erzählt. Nun bilden wir Gruppen und versuchen in jeder Gruppe eine kleine Traumgeschichte nachzuspielen. Dabei verteilen wir die Rollen so, dass mindestens ein Kind jeweils der Sprecher/Erzähler der Geschichte ist, ein Kind die Geschichte musikalisch begleitet und ein Kind über körperliche Darstellungsweise, Pantomime usw. Gefühle zum Ausdruck bringt. Dies ist keine leichte Übung und muss mitunter auch in der nächsten Einheit wiederholt werden. Es können Instrumente jeglicher Art verwendet werden.

**Wie geht's dir denn?** Nach dem Aufstehen geht es uns nicht immer gleich: Wir sind mal müde, mal topfit, manchmal haben wir auch Kopf- oder Bauchschmerzen und würden uns gerne wieder ins Bett legen. Wir wählen einen Darsteller aus unserer Gruppe aus, der uns mittels seines Gesichtsausdruckes oder seiner Grimassen zeigt, wie es ihm geht. Die Gruppe muss raten. Mit dieser Aktivität lernen wir, dass unser äußeres Erscheinungsbild oft unseren Gemütszustand widerspiegelt. Jedes mutige Kind darf natürlich in die Rolle des „Schauspielers" schlüpfen ...

## Vertiefung

**Der Wandermusiker:** Die Gruppe setzt sich wieder in einen großen Kreis, und wir schließen die Augen. Die Kinder sollten nach einer kurzen Einführung die Fähigkeit entwickeln lernen, Gefühle bzw. momentane Stimmungslagen mit Klängen und Geräuschen auszudrücken. Um die Übung zu vereinfachen, beginnen wir mit zwei Gegensätzen, z. B. traurig und fröhlich. Je nach Verfügbarkeit können wir den Kindern Instrumente zuordnen und natürlich auch weitere Gefühlslagen hinzufügen. Nach der jeweiligen Musikdarbietung muss die Gruppe das zugehörige Gefühl erraten. Es können freilich auch Symbole auf Karteikarten oder Malpappen gemalt werden.

**Musiktheoretische Vertiefung:** Die bisherigen Übungen haben uns eine Einführung in differente Stimmungslagen gegeben. Wir haben gemalt, Requisiten zugeordnet und charakteristische Instrumente unseren Gefühlen zugeordnet. In unserer musiktheoretischen Vertiefung können wir je nach Planung des Kursleiters ein ausgewähltes Stück (z. B. „Bilder einer Ausstellung“ von Modest Mussorgsky) vertonen oder auch ein eigenes Stück komponieren und mithilfe unseres Kursleiters notieren. Die Notation des Stückes kann in einfachster Weise erfolgen. Die Kinder sollten nur die Abfolge der Instrumente, die Parameter (laut/leise ...) erkennen können. Als dritte Möglichkeit können Kinder auch ihre Lieblingsmusik auf einer CD mitbringen, und diese wird dann vertont bzw. gehört/mitgesungen und beurteilt: Ist die gehörte Musik lustig und euphorisch oder eher ruhig, traurig und beruhigend?

***Toms Traumabenteuer***

*„Letzte Nacht habe ich eine aufregende Geschichte erlebt. Es war bereits nach zwanzig Uhr, die Mama hatte mich schon zweimal ins Bett gesteckt, und am Ende habe ich nachgegeben und mich in meine hellblaue Kuscheldecke eingemummelt. Eingeschlafen bin ich schnell – aber dann nahm das Abenteuer seinen Lauf...*

*Die Musik in meinem Kopf wurde immer lauter, unendlich viele Sterne blitzten an meiner Decke, und ich begann schwerelos durch das Zimmer zu schweben. Der hohe Schrank, meine sternenbehangene Decke, das Bücherregal – es war kein Problem, ich hüpfte hin und her – und plötzlich wurde ich ganz unsanft aus dem Schlaf gerissen!*

*Dunkel war es, unter mir kalt und hart! Wo war ich?? Ich tastete mich voran, fühlte den Boden ab, und dann dämmerte es mir – meine Traumgeschichte hatte mich auf Wanderschaft geschickt. Ich war zwar immer noch in meinem Zimmer, lag aber nicht mehr in meinem Bett!“*

*So oder so ähnlich ist es mit Sicherheit jedem von uns schon einmal ergangen. Wir wollen uns in einer gemütlichen Runde unsere letzten Träume erzählen!*

# 2. Kapitel: Kognitive Fähigkeiten

## Kognitive Fähigkeiten – naturgegeben oder ausbaufähig?

**Die kognitiven Fähigkeiten eines Schülers, des eigenen Kindes richtig einschätzen – kaum eine Erkenntnis in der frühkindlichen Pädagogik fällt schwerer. Für Lehrer und Eltern ist diese wichtige Aufgabenstellung häufig eine ganz harte Nuss.**

In welchem Maß sind die kognitiven Fähigkeiten eines Kindes naturgegeben? Ist diese Kompetenz etwa unverrückbar, oder können wir sie mit dem Ziel eines effektiveren Lernens und individuellen Erlebens beeinflussen oder fördern? Ist diese Gabe am Ende gar das weiteste Feld der Pädagogik, so dass alle Exkurse und Lerneinheiten in irgendeiner Art und Weise in dieses Kapitel passen könnten? Um uns der komplexen Thematik anzunähern, wollen wir uns einige Facetten herausnehmen und näher beleuchten.

Mit den sogenannten kognitiven Kompetenzen werden recht unterschiedliche Fähigkeiten umschrieben – alle Unterscheidungen bzw. Abgrenzungen zielen jedoch darauf ab, dass der Schüler sein Umfeld gedanklich erfassen kann, es versteht und deuten kann und sein Verhalten letztlich daran orientieren kann. Um alltägliche Erlebnisse zu verstehen, benötigen wir die Fähigkeit des logischen Denkens: Wir müssen **Zusammenhänge zwischen Dingen und Geschehnissen** erfassen und uns bestimmte Abläufe merken. Hieraus prägen sich Verhaltensmuster bzw. Zusammenhänge zwischen erlebten Situationen ein, die uns im Gedächtnis bleiben und in vergleichbaren Situationen wieder abgerufen oder modifiziert werden können. Langfristig gelten diese Erkenntnisse als Lebenserfahrung.

Beginnen wir einen Schritt früher. Schon im Kleinkindalter sollten die Kinder in der Lage sein, differenziert viele Einflüsse wahrzunehmen. Wenn uns unsere Kinder erzählen, dass sie bestimme Gegenstände unterscheiden können, etwa nach Gewicht, Farbe, Größe usw., sind wir beruhigt. Wir fordern die Kinder auf zu beschreiben, was sie sehen, fühlen und beobachten.

Dass Kinder oder Schüler reflektieren und anfangen nachzudenken, sehen wir als selbstverständlich an. Aber auch diesen Prozess sollten wir fördern. Das **Nachdenken und Reflektieren** ist ein weiterer wichtiger Schritt in der Entwicklung, bei dem die kognitiven Kompetenzen gestärkt werden. Unsere Kinder sollten Zusammenhänge von Dingen oder Personen einschätzen lernen, an jeder Art von verbalem Austausch teilhaben lernen, Vermutungen äußern können und dadurch motiviert werden, eigene Differenzierungen und Hierarchien zu entwickeln, etwa durch Mengenvergleiche oder die Bildung von Oberbegriffen.

Diese Erfahrungen werden idealerweise **im Gedächtnis verankert**. Wir können die Kinder dazu anregen, die erfahrenen Inhalte nachzuerzählen, nachzuspielen und somit im Gedächtnis abzuspeichern. Gemeinsam können wir uns, quasi um die erfahrenen Inhalte herum, Geschichten ausdenken, diese nachspielen, Lieder oder Gedichte neu erfinden und vertonen ...

Hierbei ist viel **Fantasie und Kreativität** gefragt. In unseren Unterrichtseinheiten versuchen wir, motorisch, sprachlich, musikalisch, malerisch oder mit Hilfe der Körpersprache Inhalte zu vermitteln. Jedes Kind zeigt oder entwickelt dabei die eigenen, individuellen Möglichkeiten und trägt somit zum Gesamtbild der Gruppe bei.

Es verwundert nicht, dass bei der Entwicklung unserer Lerneinheiten manche Herausforderung auf die Kinder wartet. Spätestens im Schulalter müssen die Kinder in der Lage sein, Konflikte zu lösen, Probleme zu bewältigen oder unbequeme Entscheidungen zu treffen. Zunächst gelingt dies in der Gruppe leichter, indem man gemeinsam ein Problem angeht, darüber spricht und schließlich, möglichst einvernehmlich und trotzdem flexibel und kreativ, verschiedene Lösungen erarbeitet. Das ist viel verlangt und stellt vor allem für noch kleine Kinder eine große Hürde dar.

Der Kreislauf, wie Kinder Erkenntnisse gewinnen, ist meist klar, und doch ist der Begriff der kognitiven Kompetenz äußerst komplex, da er zahlreiche Einzelkompetenzen beinhaltet, etwa Aufmerksamkeit, Problemlösungsfähigkeit, individuelle Wahrnehmung und einen eigenen Willen; dazu kommen **der Glaube, dass man es schaffen kann**, das Erinnerungsvermögen, die Orientierung an Strukturen, die Fähigkeit zu argumentieren und einiges mehr. Daher ist es kein Wunder, dass dieser Begriff so schwer einzugrenzen ist.

Vor allem im Hinblick auf den frühkindlichen Erkenntnisgewinn vereinfachen wir den Kreislauf der Kognition und beschränken uns auf einige wenige Begriffe. Unsere Kinder nehmen Sachverhalte wahr, denken darüber nach, lernen aus den durchlebten Situationen und erinnern sich wieder daran. Die eigene Motivation, derartige Prozesse immer wieder von neuem zu durchlaufen, ist entscheidend für die kognitive Leistungsfähigkeit eines Kindes. Oder andersherum gedacht: Wenn eine Station der Kognition nicht durchlaufen wird, ergeben sich zwangsläufig Auffälligkeiten.

***Fallbeispiel: Matthias***

*Ihn durften wir am Anfang seiner Kurszeit in der Gruppe betreuen. Dies ging regelmäßig schief. Er lenkte sich und andere ab, störte meist laut, versteckte sich am Anfang der Stunde und erschreckte andere Kinder oder Kursleiter, wenn sie den Unterrichtsraum betraten. Auf der anderen Seite konnte er jedoch auch der liebste Junge sein, saß der Pädagogin auf dem Schoß und suchte sichtlich Zuneigung und Wärme. Fragte man ihn nach seinem Verhalten, konnte er wenig dazu sagen oder lenkte ab. Nach einem ausführlichen Gespräch mit den Eltern buchten diese Einzelstunden für Matthias – ganz nebenbei kam in dem Gespräch heraus, dass die Eltern sich mit der ADHS-Diagnose des Kinderarztes mehr oder weniger abgefunden hatten. Auch die Einzelbetreuung lief am Anfang schlecht, frustrierend für alle Beteiligten.*

*Doch dann wurde es mit jeder Woche besser. Matthias fügte sich mehr und mehr, hielt sich an Absprachen und wurde verlässlicher. An welcher Schaltstelle im kognitiven Kreislauf er Defizite hatte bzw. später anhand der wöchentlich gemachten neuen Erfahrungen gelernt hatte, bestimmte Situationen richtig einzuschätzen, ist schwer zu sagen. Meist werden die Kinder über die Betreuungszeit hinweg auch durch viele andere, auch äußere Einflüsse reifer. Bis zum heutigen Tag verfällt Matthias immer wieder in seine alten Verhaltensmuster – sich selbst, die eigene Wirkung auf andere objektiv einzuschätzen wird immer sein „wunder Punkt" bleiben. Mit jeder Erfahrung jedoch wird Matthias neue Situationen verinnerlichen und sein eigenes Bild abrunden. Es lohnt sich also, „dran zu bleiben" und ein Kind nicht mit einer beliebigen Diagnose abzustempeln oder in eine Schublade zu stecken.*

**Kinder mit kognitiven Schwächen**: Welche weiteren Auffälligkeiten gibt es? Welche Verhaltensmuster sind für diese Kinder typisch? Welche Einflussmöglichkeiten gibt es für die betreuenden Personen, und was verursacht manchmal ihre Ohnmacht? Unsere vielfältigen Fallbeispiele (vor allem die Kurzporträts der Kinder auf S. 72, 95, 131) veranschaulichen die ganze Bandbreite und zeigen andererseits auch den einen oder anderen Ausweg aus der Misere.

## 2.1 Lerneinheit

### Summm, summm, summm ...

**Ziel der Lerneinheit**

Die Lerneinheit ist für unsere „Kleinen“ gedacht oder für den Anfang eines Lernjahres. Beim Gedanken an das Erlernen kognitiver Fähigkeiten fällt die Auswahl der Aktivitäten nicht schwer. Kognitive Fähigkeiten können wir ganz beliebig fördern bzw. trainieren – indem wir singen, auf unseren Instrumenten musizieren, Sprech- und Atemübungen in der Gruppe machen, uns bewegen und entspannen. Die Wahrnehmung von Geräuschen, Klängen, Musikstücken können den Lernprozess ebenso bereichern wie Klangübungen. Diese Vielfalt soll unsere Fantasie und Kreativität ansprechen, emotionale Erfahrungen festigen und verankern und die Schüler zum Nachdenken anregen. Gewonnene Erfahrungen sollten möglichst im Alltag wiedergefunden, interpretiert oder wiederholt werden können. Durch die Anzahl der erlebten Eindrücke entsteht eine Kombination aus aktuellen und bereits erlebten Situationen, die wir im Laufe der Zeit als Lernerfahrung vorweisen können. Je vielfältiger die Eindrücke, desto besser!

**Materialtipp**

Malpapier (möglichst in Bahnen), Wachsmalstifte, Faschingsverkleidung (vorzugsweise Tier- oder sogar Bienen-Kostüme), Bilder von Tieren und Pflanzen (idealerweise Bienen, Insekten, Blumen), bunte Chiffontücher, Honig als Kostprobe

**Grundthema**
In dieser Lerneinheit beschäftigen wir uns mit Bienen, mit allem, was sie tun, wie sie aussehen, sich anhören. Wir kombinieren Bewegung, Kunst in Form von Malen und Basteln und die Musik mittels eigens erzeugter Töne.

**Grafik**
Blumen zum Ausmalen, eine Biene im klassischen Gelb-Braun-Kostüm

## Varianten

**Die Hüpf-Biene:** Eine Biene fliegt von Blume zu Blume, verharrt kurz, summt weiter und sucht sich das nächste farbige Blumenhaus. Wir nehmen eine Papierbahn und malen große, farbige Blumen in Abständen von ca. 30 cm auf. Nach Vollendung unseres Blütenwerkes wird der bunte Papierteppich auf dem Boden ausgerollt. Wir versuchen von Blüte zu Blüte zu springen, zu hüpfen, zu schleichen – mit oder ohne Musik. Mit jeder Landung auf einer Blüte können wir klatschen, „summ, summ" rufen – oder auch ganz lautlos hüpfen und leise Summgeräusche erzeugen.

**Bastelbienen**: Wir sammeln Krepppapier in verschiedenen Farben, nicht nur die klassischen Bienenfarben Gelb und Braun, auch andere schöne Farbkombinationen dürfen kreativ kombiniert werden. Aus dem vorhandenen Krepppapier schneiden wir handbreite lange Bänder, die wir später um unsere Bäuche drapieren. Jede Biene hat ein anderes Farbenspiel und schmückt sich somit nach Lust und Laune. Das Schneiden, Kombinieren und Drapieren nimmt einige Zeit in Anspruch; bei Bedarf können die Bienenkostüme auch mit Wäscheklammern oder Ähnlichem festgebunden werden. Nach Vollendung unserer Werke tanzen wie frei darauf los!

**Bienengespräche:** Bienen haben eine wichtige Aufgabe. Sie tragen die Pollen von Blüte zu Blüte. In ihrem braun-gelben Kostüm sind sie unterwegs, bestäuben die Pflanzen, sind für das Gedeihen der Natur verantwortlich und stechen eigentlich nur, wenn sie sich bedroht fühlen. Optimal wäre natürlich, wenn die Kinder eine Biene im Glas bestaunen und die wunderbare Zerbrechlichkeit der Natur bewundern könnten. Wir können jedoch auch in einer Sitzrunde über den Honig, die Bienenköniginnen usw. sprechen und Bienen malen oder ausmalen. Eine Kostprobe des Honigs ist ein schöner Abschluss!

## Vertiefung

**Vertiefungsübung:** Wir konzentrieren uns auf die Geräusche der Bienen, versuchen sie stimmlich und instrumental zu erschließen. Für den Anfang legen wir uns in einem Kreis auf den Rücken, atmen tief durch, setzen uns auf und beginnen zu summen. Diese Summgeräusche sollten ein Kribbeln in unserem Bauch erzeugen – sozusagen Schwingungen in unserer Körpermitte. Es wird warm in uns, unsere Durchblutung wird angeregt. Wir summen hoch, tief, mit kurzen Unterbrechungen und so lange, bis wir keine Luft mehr bekommen. Wer ist der Bienenkönig, die Bienenkönigin? Das Kind, das am längsten summen kann!

**Musiktheoretische Vertiefung:** In unseren musiktheoretischen Vertiefungen fördern wir Inhalte, die explizit mit der Musik und dem Musizieren im frühkindlichen Bereich zu tun haben. Was läge also näher, als ein Bienenkonzert zu veranstalten? Die Summgeräusche der Bienen müssen wir mit unserer Stimme und mit geeigneten Instrumenten nachahmen, beispielsweise mit verschiedenen Trommeln, auf denen wir mit Bürstchen oder unseren Fingernägeln kratzen (gerne auch andere Instrumente frei nach Verfügbarkeit). Bienen machen während ihres Fluges jedoch auch Auf- und Abwärtsbewegungen. Dieses Auf und Ab transferieren wir in hohe und tiefe Töne und Stimmlagen; das Landen der Bienen auf den Blüten sind die Pausen in unserer Komposition. Wir bilden kleine Gruppen, und jede Gruppe komponiert. Die Notation der erfundenen Stücke überlassen wir den Kindern, leiten sie jedoch an, wenn sie nicht wissen, wie sie die Klangfolgen aufschreiben sollen. Am Schluss der Einheit steht die Präsentation der Blumensonaten!

# 2.2 Lerneinheit
## Frühling, Sommer, Herbst und Winter

**Ziel der Lerneinheit**
Mit einfachen Liedern, passenden Requisiten und ganzheitlichen Klangerfahrungen wollen wir das Denk- und Sprachvermögen unserer Kursteilnehmer stärken. Der Wortschatz sollte sich insbesondere auch für fremdsprachige Schüler erweitern, das Klanggedächtnis und die Hördifferenzierung sollen gefördert werden. Die Eindrücke der verschiedenen Jahreszeiten wird unser beschreibendes Sprachvermögen, die Fantasie und die Wahrnehmung mit allen Sinneskanälen ansprechen. Zur Stimulierung der kognitiven Fähigkeiten ist es an sich unerheblich, mit welcher Übung wir beginnen!

**Materialtipp**
Requisiten in den Farben Grün, Gelb, Rot/Orange und Weiß. Pappkartons zum Bemalen in mindestens DIN-A4-Größe, 4-fach. Wachsmalkreiden für kleinere Kursteilnehmer oder auch Wasserfarben. Instrumente jeglicher Art, vorhandene Elementarinstrumente im Raum oder mitgebrachte Instrumente der Kinder.

**Grundthema**
Wir versuchen, die Jahreszeiten im ersten Schritt kreativ gestaltend in Verbindung mit Bewegungen zu erarbeiten. Die zweite Facette unserer Arbeit in dieser Einheit ist die musikalische Erfahrung, die wiederum mit Bewegung kombiniert werden kann. So schließt sich der Kreis, und die verschiedenen Sinneserfahrungen ergänzen sich wechselseitig! Es steht dem Kursleiter bzw. den Kindern frei, mit welchen Aktivitäten begonnen wird. Um die Gruppe – insbesondere die jüngeren Kinder – anzuleiten, benötigen wir Aktionskarten oder -tafeln. Dazu überlegen wir uns Symbole, die die Jahreszeiten eindeutig wiedergeben und für die Kinder leicht zuzuordnen sind. Beispiele können für den Frühling eine zuerst kleine und später größere Blume sein (Wachstum der Natur), für den Sommer die Sonne, für den Herbst fallende Blätter und den Winter ein Schneemann oder Schneeflocken. Diese Symbole werden auf Pappkartons gemalt, die uns später als „Schilder" dienen.

**Grafik**
Eine Blume, die Sonne, Blätter und ein Schneemann zum Ausmalen!

K 6
S. 183

## Varianten

**Tafelrunde:** Dies ist eine Tafelrunde der ganz anderen Art. Wenn im Raum keine Tafel vorhanden ist, benutzen wir eine Papiermalbahn oder zur Not einige Blätter in DIN-A3-Größe. Nach einem kurzen Austausch über die Jahreszeiten vereinbaren wir eine Minute Stille im Sitzkreis. Danach malt ein Kind nach dem anderen, ohne zu sprechen, Symbolvorschläge für die Jahreszeiten auf die Tafel. Wichtig sind das eigene Vorstellungsvermögen, die Präsentation der erdachten Symbole vor den Freunden und erst später der Austausch in der Gruppe. Abschließend werden die (besten) Symbole für die Jahreszeiten festgelegt.

**Wetterkonzert:** Wir sitzen im Teppichkreis und breiten unsere Instrumente in der Mitte aus. Natürlich können alle Elementarinstrumente, mitgebrachte Instrumente oder auch Dinge aus dem Alltag verwendet werden, die wunderbare Geräusche erzeugen. Letztlich geht es ja nur darum, die Jahreszeiten ein Stück weit über das Gehör verständlich zu machen. Schwerpunkt ist das Entdecken von Klängen, das Übertragen dieser Klangerlebnisse auf das aktuelle Wetter oder die Jahreszeit. Wir verknüpfen somit vielfältige soziale Erlebnisse mit emotionalen bzw. sensorischen Wahrnehmungen. Eine Triangel beispielsweise kann uns das Tröpfeln des Regens vermitteln, das Kratzen auf einer Trommel die knirschenden Schritte im Schnee oder wildes Schlegeln auf dem Glockenspiel ein tanzendes Schneegestöber.

**Alle Wetter!** Im nächsten Schritt legen wir Symbole für die einzelnen Wetterphänomene fest: Regen, Sonne, Hagel, Pfützen, Schneefall ... und alles weitere, was uns noch einfällt (zur Not auch Schneemannbauen!) Auch diese Ideen werden auf Karten festgehalten und dienen uns als spätere Anleitung beim Wettertanz!

**Wettertanz:** Und wieder müssen wir kreativ werden! Nachdem wir unsere Wetterkarten gestaltet haben, vereinbaren wir Bewegungsmuster für jedes Wetterereignis. Beispielsweise können wir uns bei der Sonnenscheinkarte auf den Boden legen und uns „sonnen“; oder bei Schneefall die Schneeflocken hüpfend fangen. Der Regen fordert uns auf, ein Regenhäuschen aufzusuchen, und die Pfützen verlocken uns zum Hineinspringen. Natürlich sind auch andere Bewegungsmuster möglich. Anschließend können wir nach geeigneter Musik, gerne auch von deutschsprachigen Liedermachern, eine Art Reaktionstanz spielen. Der Kursleiter zeigt die jeweilige Wetterkarte, die Kinder reagieren mit der entsprechenden Bewegung. Ein Spaß, der die auditive Wahrnehmung, das Denkvermögen und somit auch die Konzentration fördert.

## Vertiefung

**Vertiefungsübung:** So unterschiedlich wie die Jahreszeiten sind unsere Instrumente. Wir lernen welche kennen, die hell und freundlich klingen, andere als eher gedämpft, beruhigend und dunkel im Klang. Das liegt (auch ein Gespräch wert!) meist an den verwendeten Materialien (Holz oder Metall bzw. alles, was Alltagsgeräusche erzeugt, bis hin zum Kunststoffkamm!). Erneut animieren wir die Kinder dazu, verschiedene Instrumente auszuwählen oder mitzubringen. Die unterschiedlichen Klänge werden noch besser wahrgenommen, wenn wir uns gegenseitig die Augen verbinden. Über das Gehör legen wir Frühlings-, Sommer-, Herbst- und Winterinstrumente fest. Dies ist natürlich keine Differenzierung im herkömmlichen Stil, dafür kreativ und demnach an keinem Standard zu messen ...

**Musiktheoretische Vertiefung:** Nun haben wir unsere Instrumentendifferenzierung der jahreszeitlichen Art! Was machen wir daraus? Wieder greifen wir die schon erfahrenen Gegensätze der Jahreszeiten auf – hell und dunkel, laut und leise, gedämpft und schrill. Daraus bilden wir vier Gruppen von Kindern, die jeweils eine Jahreszeit darstellen und sich die entsprechenden Instrumente aussuchen. Dann beginnt das Konzert mit dem Kursleiter als Dirigenten. Wir spielen alle zusammen mal laut und leise, die Gruppen im Wechsel schnell und langsam usw., und wer es sich zutraut, der darf auch mal die Funktion des Dirigenten übernehmen. Ziel dieser schon anspruchsvollen Übung ist das Musizieren der Gruppen in festgelegten Strukturen, mit hoher Konzentration und einer gewissen Kenntnis der Instrumente. Neben der notwendigen Konzentration trainieren die Schüler ihr taktiles Können und das Sozialverhalten. Vielleicht können sie ihre Klangerlebnisse sogar auf die Musik übertragen, die sie im Alltag wahrnehmen!

## 2.3 Lerneinheit

### Regen, Pfützen, Wasserspaß

**Ziel der Lerneinheit**
Der Regen bringt uns vielfältige Erfahrungen, die wir uns Schritt für Schritt bewusst machen werden. Das Erlebte – also nass zu werden, den Regenschirm aufspannen zu müssen, in die Pfützen hüpfen zu können und manches andere – werden wir in Klänge umsetzen. Die Kinder sollten mit allen Sinnen und somit möglichst vielfältig gefördert werden. Das aktuelle Wetter – hoffentlich ein Regentag? – kann mit einbezogen werden, ebenso wie ein Regenschirm für jedes Kind!

**Materialtipp**
Regenschirme, Regenjacken, Gummistiefel (wenn es wirklich regnen sollte), Klanghölzer und Glockenspiele, Triangeln, leere Glasgefäße zum Füllen (Klangflaschen), Schnüre, um kleine Kreise auszulegen, blaue Tücher für den Boden und andere kreativ eingesetzte Dinge, die uns das Regenwetter nachempfinden lassen!

**Grundthema**
Hier und heute wollen wir die Regentröpfchen zum Klingen bringen, musikalische Möglichkeiten mit unseren Klanginstrumenten ausschöpfen und unsere gewonnenen Erfahrungen spielerisch in Bewegung umsetzen. Um unserem grundsätzlichen Thema, der Förderung der kognitiven Fähigkeiten, Rechnung zu tragen, werden wir verstärkt auf gezielte Anweisungen in Form von Bildern oder Musik achten sowie auf die kontrollierte Umsetzung der eingeübten Bewegungsmuster.

K 7
S. 184

**Grafik**
Dem Regen folgt oft ein Regenbogen! Wer kennt die Farben des Regenbogens? (Skizze eines Regenbogens, die mit den entsprechenden Farben ausgemalt werden kann)

## Varianten

**Platsch und Hüpf:** Dieses unterhaltsame, eher kurze Bewegungsspiel lässt sich auf jede Art von Musik spielen. Wir überlegen uns, wie ein Regentropfen auf dem Boden aufkommt. Er platscht auf den Asphalt und springt – bei genauem Hinsehen – wieder etwas hoch! Können wir das auch? Wir springen auf Kommando des Kursleiters hoch, kommen wieder auf und machen dann einen kleinen „Hüpfer" (gut als Pausenfüller, für unruhige Geister!).

**Regencrescendo:** Die Geräuschkulisse variiert je nach Regenmenge. Wenn es wenig regnet, hören wir gelegentlich ein leichtes Platschen, wenn es stark regnet, wird es immer mehr, bis zum lauten Rauschen des Regenwassers. Nachdem wir unseren Kurskindern geeignete Instrumente erklärt haben (Beschaffenheit, Umgang ...), beginnen wir, mit leisen Anschlägen einen leichten Regen zu simulieren. Der Regen und somit unsere Musik wird immer lauter und schneller und nimmt dann wieder ab. Die Kinder dürfen sich ihre Instrumente aussuchen. Wichtig ist die Regenmenge, und dass wir die erzeugten Töne von langsam und schwach in einem „Regencrescendo" zu einem lauten, starken Regen anschwellen lassen. Im nächsten Schritt wird der Regen wieder weniger, die Triangeln, Glockenspiele usw. werden demnach wieder langsam und leise ...

**Trommelmassage:** Wir setzen uns alle hintereinander in eine Reihe, die Beine gegrätscht, so dass wir den Vordermann mit den Fingern massieren können. Um uns einzustimmen, beugen wir uns gleichzeitig alle nach vorn, nach rechts, nach links. Dann recken und strecken wir uns und greifen nach den Regenwolken im Himmel – entspannt müssten wir jetzt ja sein –, und dann beginnt unsere Trommelmassage: Der Kursleiter trommelt auf einer Handtrommel erst einen leichten, feinen Regen. Danach wird der Regen stärker und stärker und nimmt wieder ab. Eine geeignete Begleitmusik fördert die Wahrnehmung der Kinder. Diese trommeln den Regen auf dem Rücken des Vordermannes (natürlich darf der letzte „Trommler" auch mal ganz vorn sitzen ...). Wir spüren den Regen, idealerweise mit musikalischer Begleitung, körperlich und können uns danach wieder recken und strecken – und eventuell am Schluss noch eine Entspannungsminute einlegen!

**Sonne und Regen:** Das ist unser Alltag – die Sonne ist gerade noch da, und schon kommt der Regen! Wir wollen diese Ereignisse in der Natur trainieren und unsere Wahrnehmung schulen. Emotional spüren die Kinder die naturgegebenen Gegensätze und merken sich erlebte Situationen. Wir besprechen unsere Eindrücke, wenn es plötzlich zu regnen beginnt und dann wieder die Sonne scheint. Die Sonne begrüßen wir mit dem Reim „Sonne komm heraus, wir springen aus dem Haus", den Regen mit „Regen tropft, tropft uns auf den Kopf, welch ein Spaß, wir werden nass". Zur Sonne recken wir uns und lassen uns bescheinen, vor dem Regen schützen wir uns, halten einen erdachten Regenschirm. Dieses Rollenspiel wird im Sitzkreis gespielt, ohne dass die Kinder aufstehen!

## Vertiefung

**Vertiefungsübung:** Wir versuchen unsere Grobmotorik zu verbessern und stellen uns vor, dass wir Regentropfen sind. Mal hüpfen wir leicht und langsam, mal ganz schnell und ganz fest. Der Kursleiter gibt den „Regenmodus" mit einer Trommel oder durch Klatschen an. Wir orientieren uns an diesem vorgegebenen Takt.

**Musiktheoretische Vertiefung:** Wir wollen uns dem Takt als solchem weiter annähern. Dazu klatschen wir wechselweise jeweils auf 2, dann auf 3 und schließlich auf 4. Diese Taktversuche können wir auch mit Trommeln, Klanghölzern, Triangeln oder anderen Instrumenten üben. Im zweiten Schritt instrumentalisieren einige Kinder die verschiedenen Takte, die anderen hüpfen, klatschen oder stampfen dazu. Ziel ist die Unterscheidung der verschiedenen Taktvarianten.

## 2.4 Lerneinheit
## Osterfarben

**Ziel der Lerneinheit**
Das übergeordnete Thema „kognitive Fähigkeiten“ beinhaltet unzählige Möglichkeiten, den Unterricht zu gestalten. In dieser Lerneinheit möchten wir uns – anlässlich des Osterfestes – auf die Kenntnis und Bedeutung der Farben und Zahlen konzentrieren. Wir trainieren unser Gedächtnis, entwickeln (durch die Anwesenheit von Kindern unterschiedlicher Nationalitäten) ein gewisses Gefühl für andere Sprachen und Kulturen/Religionen, und wir leben uns im Hinblick auf unsere Kreativität, Fantasie und das eigene Selbstbewusstsein aus! Die angebotenen Aktivitäten sind mitunter gute Ratgeber für Kindergeburtstage oder das heimische Osterfest!

**Materialtipp**
Pappkartons, die wir oval (in Eiform) ausschneiden und dann mit gewünschten Farben und Materialien gestalten (Wachsmalkreiden, Acrylfarbe, Sand, Perlen usw.), bunte Tücher und Ostergras von den Mamas, zur Raumdekoration Ostereier zum Aufhängen oder Osterschmuck, der in der Familie nicht mehr benötigt wird. Instrumente aller Art, gerne auch Kinder-Instrumente von zu Hause oder Dinge, die den Kindern Spaß machen und uns „Klangmaterial“ liefern ...

**Grundthema**
Ostern ist ein Familienfest. Es wird im Frühjahr gefeiert und kommt durch Farben, Frohsinn und frühlingshafte Ideen zum Ausdruck. Den Gedanken, dass die Kinder heute meist aus unterschiedlichen Gegenden der Erde stammen und oft verschiedensten Nationalitäten angehören, beziehen wir in unsere Arbeit mit ein. Wir wollen also die Gebräuche des eigenen Landes und diejenigen fremder Länder in einer Erzählrunde austauschen und im Anschluss daran noch einige leichte Begriffe aus unterschiedlichen Nationalitäten lernen. Zahlen und Farben sind an dieser Stelle ein unkomplizierter Einstieg.

**Grafik**
Die vorgezeichneten Ostereier dürfen nach Lust und Laune ausgemalt werden. Möglich ist natürlich auch die Gestaltung auf Papierbahnen oder an der Tafel! K 8 S. 185

## Varianten

**Osterhase hüpf!** Der Hase ist nur eines der Tiere mit ganz vielfältigen Bewegungsarten. Jedes der Kinder überlegt sich ein Tier und ahmt dessen Bewegungsart vor den anderen Kurskindern nach – diese müssen das Tier erraten! Diese Übung, die eher für die jüngeren Kinder gedacht ist, kann beliebig mit Musik unterlegt werden.

Erfahrungsgemäß sind Lieder bekannter Liedermacher oder allgemeine, den Kindern bekannte Lieder am besten geeignet.

**Farbenmeister:** Im ersten Schritt schneiden wir Ostereier aus Pappe oder starkem Papier aus. Danach gestalten wir diese Ostereier in verschiedenen Farben und mit verschiedenen Oberflächen, etwa mit Sand oder Perlen, Krepppapier oder anderen Gestaltungsmaterialien. Jedes Kind sollte sein künstlerisches Potential ausleben können und seine Variante vorstellen. Die „Ostereier" eventuell auf eine lange Schnur auffädeln. Die verschiedenen Werke können eine schöne Ausstellung für die Eltern darstellen.

**Was macht die Farbe mit uns?** Nach der Gestaltung der Ostereier überlegen wir uns, wie die Eier bzw. die verwendeten Farben auf uns wirken. Welche Gestaltungsvorschläge wirken auffällig, stark und freundlich auf uns, welche der Eier eher ruhig und zart? Was verbinden wir mit bestimmten Farben, z. B. Gelb? Die Sonne oder gar Ostern an sich? Oder mit Grün das Gras? Mit Blau das Wasser? Vorteilhaft wäre es, die Farben an der Tafel oder auf der Papierbahn separat aufzumalen und die Gedanken in Stichworten oder Symbolen (lachende Sonne, Wolke usw.) zu dokumentieren. Interessant ist die unterschiedliche Wirkung auf die Kinder: Jedes Kind fühlt anders!

**Zählen kann jeder:** Farben und Zahlen sind auch für Erwachsene gute Aufhänger, wenn man die Grundbegriffe einer Sprache spontan erlernen möchte, etwa im Urlaub oder mit Freunden. Wenn wir Kinder unterschiedlicher Nationalitäten in der Gruppe haben, entnehmen wir jetzt einfachen Liedern, Zählreimen oder den Gesprächen der Kinder Elemente aus fremden Sprachen. Kinder, die zweisprachig aufgewachsen sind, bekommen innerhalb der Gruppe besondere Aufmerksamkeit, weil sie „dolmetschen können", und genießen die Wertschätzung ihrer Freunde. Wir trainieren unser Gedächtnis, ein Gefühl für Fremdsprachen und natürlich unsere Kreativität und Fantasie! Hier ist es ausreichend, wenn wir in drei oder vier Sprachen von eins bis fünf zählen, einige Farbbegriffe in unterschiedlichen Sprachen austauschen, eventuell noch „danke", „bitte", „guten Morgen" und was uns sonst noch einfällt. Nicht die Anzahl der „Vokabeln" ist wichtig, der Austausch der Kinder ist entscheidend!

## Vertiefung

**Vertiefungsübung – Kunsttherapeutische Übung für Kinder ab dem Vorschulalter:** Wir verbinden mit bestimmten Farben einige Tanzübungen. Durch das Aneinanderreihen unterschiedlicher Farbkarten entsteht der Tanz. Rot kann z. B. für sehr aktive Bewegungen stehen, die Farbe Hellgrün kann eine eher erholsame Bewegung am Schluss sein usw., hier sind der Kreativität keine Grenzen gesetzt. Jeder Pädagoge kann nach Lust und Laune vertonen, und die Kinder können ihr Selbstbewusstsein stärken, indem sie eigene Tanzideen entwickeln und diese vortragen. Wichtig ist das Verbinden verschiedener Farben mit Ideen, Tanzschritten und Gestaltungselementen. Die Kinder müssen sich die unterschiedlichen Reaktionen auf die verschiedenen Farben merken, somit sind Konzentration und Bewegung gefragt!

**Musiktheoretische Vertiefung:** Sobald die den Farben zugeordneten Bewegungen „sitzen", die Aufteilung innerhalb der Gruppe abgesprochen ist, kann unser „Tanztheater" funktionieren. Nun benötigen wir nur noch die entsprechende Musik! Selbstverständlich können wir klassische Musik, die Lieblingslieder der Kinder oder jede andere beliebige Musik verwenden. Wir können uns jedoch auch auf die vorhandenen Instrumente konzentrieren, den Farben die entsprechenden Klänge zuordnen, Musikinstrumente den Kindern zuteilen und ein kleines Farbenkonzert komponieren. Beispielsweise können Trommeln eher dunkle Töne, Glockenspiele helle Töne oder die Triangel, anregend und hell, Orange oder Gelb symbolisieren. Hier ist Gefühl gefragt, die Improvisationskunst des Kursleiters und der Kinder!

**Kultursensibel vorgehen:** Vor allem in Gruppen mit hoher Diversität ist darauf zu achten, dass die Kinder den Hintergrund christlicher Feste verstehen. Weihnachten, Ostern, Pfingsten usw. sind in der Kultur des Abendlandes fest verankert und haben eine über tausendjährige Geschichte. Im orthodoxen Christentum etwa ist Ostern das wichtigste Fest im Jahreslauf. Die Kursleiterin/der Kursleiter sollte aber darauf hinweisen, dass es in anderen Kulturen meist vegleichbare Feste gibt. Jüdische Kinder beispielsweise feiern um die Osterzeit herum das Passah- oder Pessachfest.

## 2.5 Lerneinheit

### Wind, Sturm und Regen

**Ziel der Lerneinheit**

Vergleicht man die jahreszeitlichen Themen, ist dieses Kapitel mit Sicherheit sehr einprägsam. Mit kreativen Gestaltungsideen und ungewöhnlichen Bewegungsangeboten wollen wir die Wetterereignisse, Hintergründe und interessante Spiele fest im Gehirn unserer Kinder „verankern". Der Einsatz von Instrumenten verbessert die Wahrnehmung und das differenzierte Hören. Die Gespräche über Wind, Sturm und Regen sind für viele Kinder interessant (sogar für manche Schüler auch neu) und fördern das Gedächtnis, die Lernfähigkeit und die Konzentration. Durch alle Spiele wird die Fantasie angeregt, und kreative Gestaltungsmöglichkeiten werden gefördert. Außerdem ergeben sich durch gemeinsame Aktivitäten vielfältige Gruppenbeziehungen, und so fördern wir nicht zuletzt auch das Sozialverhalten unserer Kurskinder!

**Materialtipp**

Tücher in allen Farben, Regenschirme, Regencapes, Schnüre (im Kreis gelegt ergeben sie die Pfützen), Pappkarten, Wachsmalstifte oder dicke Buntstifte, Handtrommeln, Regenmacher, kleine Triangeln, Glockenspiele und ein Becken oder ein anderes großes Schlaginstrument

**Grundthema**

Alle reden über das Wetter! Das beginnt schon morgens, wenn die Mama das Radio in der Küche anmacht und den Wetterbericht hört. In der Gruppe versuchen wir mit Tänzen und Rollenspielen das Wetter zu erleben, zu dessen Ereignissen die passende Musik zu komponieren und im ersten Schritt über verschiedene Gestaltungsideen eine Grundstruktur für das gegebene Thema anzulegen. Die Einheit „Wind, Sturm und Regen" wird visuell, über das Gehör und die Motorik erarbeitet und somit für jeden Schüler einprägsam. Als Variante und Abschluss besprechen wir das Phänomen des Nebels!

**Grafik**
Die Schüler entwerfen eine erste Skizze zu Wind, Sturm und Regen, jeder kann dies auf seinem Blatt tun. Auch an der Tafel oder auf einer Papierbahn können wir zeichnen. Oder der Kursleiter beginnt gleich mit der Gestaltung der Signalkarten für das Wetter, dann sollten wir für Wind, Sturm, Regen, Sonne, eventuell Hagel, Schneefall usw. Symbole vereinbaren und diese, Verkehrsschildern ähnlich, aufmalen.

## Varianten

**Spaziergang durch den Raum:** Wir marschieren in einer langen Schlange oder im Kreis. Dabei überlegen wir uns charakteristische Bewegungen, Schritte oder Verhaltensweisen für windiges, stürmisches oder regnerisches Wetter. Wir können imaginär gegen den Wind ankämpfen, uns vor dem Sturm schützen, einen Regenschirm aufspannen usw., der erste Schritt der körperlichen Darstellung.

**Regentöne:** Der Kursleiter sucht eine geeignete Musik und vereinbart mit den Kindern die Abfolge der Wetterfiguren. Die Kinder orientieren sich im ersten Schritt am Kursleiter und ahmen die Bewegungen zur Musik nach. Diese Übung kann bei älteren Kindern ohne weiteres übersprungen werden; in diesem Fall könnte die Gruppe gleich mit der nächsten Übung beginnen, der Gestaltung der Wetterkarten.

**Wettersignale:** Wir nehmen uns die Pappkarten und einigen uns auf jeweils ein Wettersymbol für Regen, Sonne, Wind, Sturm, Schnee (weitere Wettermöglichkeiten nach Wunsch). Diese werden so groß aufgemalt, dass alle Kinder in der Runde problemlos die Symbole erkennen können. Wir machen den Reaktionstest und halten die jeweilige Karte hoch – die Kinder müssen mit der vereinbarten Körperhaltung reagieren. Beispiel Sonnenfigur: tanzen mit ausgestreckten Armen. Regenfigur: tanzen in gekrümmter Haltung. Schneeflocken-Fangen wird ausgedrückt durch wildes Umherhüpfen, wobei man mit den Händen in die Luft „schnappt". Pfützenspringen: mit geschlossenen Beinen hüpfen und tanzen.

## Vertiefung

**Vertiefungsübung „Wetterfrosch":** Nach unseren Lieblingsliedern tanzen wir frei. Jeweils ein Kursmitglied darf der Wetterfrosch sein und somit das Wetter bestimmen. Er hält die jeweilige Wetterkarte hoch, und die Kinder reagieren in ihrer Tanzbewegung möglichst schnell auf seine Anweisungen. Wir sollten versuchen, uns auf den Tanz und unser Reaktionsvermögen zu konzentrieren. Die Kinder sollten sich nicht verbal austauschen. Vielmehr versucht jedes seinen eigenen, körperlichen Ausdruck zu finden. Bei älteren Kindern kann der Kursleiter jeweils einen Takt vorgeben, der übernommen wird. Die Musik ist frei wählbar: Lieblingshits der Kinder, Instrumentalmusik des Kursleiters usw.

**Musiktheoretische Vertiefung – Klangmuster:** „Wir hören etwas, das wir nicht kennen, aber es klingt ... wie Blitz und Donner“ usw. Der Schwerpunkt liegt auf der instrumentalen Vertonung, Instrumente müssen verteilt werden. Die Gruppe sollte sich konzentrieren, besprechen, welche Instrumente sich für die entsprechenden Wetterereignisse eignen und dann gemeinsam eine Klangfolge komponieren und dokumentieren. Trommeln und Becken eignen sich gut für Donnerschläge oder starken Regen/Hagelschlag. Das sanfte Anklingen der Triangel könnte man mit Schneeflocken in Verbindung bringen. Klanghölzer, Kastagnetten, das Schlagen des Holz-Xylophons erinnert an Regentropfen usw. Vielleicht sollten wir einfach die Gruppe fragen, wie wir beispielsweise die Sonne vertonen könnten? Eignen sich generell für die jeweiligen Wettersituationen eher Holz- oder Blechinstrumente? Oder finden wir sogar im Alltagsbereich noch Klangkörper, die besser passen, etwa Bürsten, Gläser, Eimer? Je kreativer die Klangmuster vertont werden, desto einfallsreicher und bunter erscheint unser Wetterkonzert!

**Beispiel – Sturm und danach einsetzender Regen:** Das Regengeprassel sollte langsam beginnen und dann immer stärker werden, schließlich lässt der Regen wieder langsam nach. Wir entwerfen eine Partitur auf dem Niveau der Schüler, zur Not auch mit einfachsten Symbolen für die jüngsten Kinder. Der Wind wird mit Schlangenlinien notiert, der Regen durch viele kleine Punkte, Blitze notieren wir mit roten, senkrechten Strichen und das Donnergrollen beispielsweise durch viele Kreise, die ineinander übergehen. Dies kann beliebig variiert werden! Als reizvollen Abschluss vertonen wir den Nebel: Er ist ein beinahe lautloses, geheimnisvolles Naturereignis. Wir bewegen uns auf leisen Sohlen, komponieren magisch anmutende Klänge (Becken?) und lesen vielleicht am Schluss noch eine geheimnisvolle kurze Geschichte ...

## 2.6 Lerneinheit

### Der Herbst ist da

**Ziel der Lerneinheit**

Die jahreszeitlichen Themen ermöglichen es uns, einen Kontext zwischen der Natur und geplanten Aktivitäten herzustellen, die gezielt ausgewählte Kompetenzbereiche der Kinder fördern. Im Herbst bietet es sich an, einen sogenanntes „Herbstteller“ zu bestücken; die Kinder sammeln an Wochenenden mit ihren Eltern Blätter in allen Farben, Kastanien und Ähnliches. Diese Errungenschaften breiten wir auf einem Tuch oder großen Teller aus. Verstärkt werden die Eindrücke der Kinder, wenn wir alle gesammelten Dinge auf orangebraunem Krepppapier ausbreiten. Schon die Farbeindrücke im Herbst deuten unseren Kindern die Natur – das Wissen darum und die emotionale Wahrnehmung wollen wir mit diesem Kapitel anregen. Die Kurskinder nehmen nach dieser Einheit den Herbst aufmerksamer wahr, können alljährliche Rituale mit ihren Eltern abrufen (im Zweifelsfall die Eltern sogar daran erinnern!) und natürlich Spaß an der kreativen Umsetzung des Kapitels haben – nicht zuletzt durch Geräusche und Farben!

**Materialtipp**

Blätter in möglichst allen Farben des Waldes, Äste, Kastanien, Tannenzapfen, Chiffontücher oder Krepppapier in den Herbstfarben (Braun, Orange, Dunkelgelb, Grün), Trommeln, Alltagsdinge, die das Rascheln des Herbstlaubes nachempfinden lassen; nach Wunsch Malpapier für den Boden, wenn die kleine graphische Übung auf dem Blatt nicht genügt.

### Grundthema

Der Herbst ist gekennzeichnet durch die noch warme Sonne, den plötzlichen Regen, Tage, die uns schwitzen lassen und Wochen, die schon richtig frisch sind. Der Herbst ist bunt: braun, rot, orange, gelb und grün. Er ist teilweise noch sommerlich und frisch; manchmal jedoch auch verregnet und durch ausgetrocknetes Laubwerk gekennzeichnet. Am Morgen ist die Atmosphäre oft noch wolkenverhangen und nebelig, doch mittags strahlt die Sonne, und wir müssen unsere Jacken ausziehen! Die von Gegensätzen gekennzeichnete Zeit wollen wir malen, nachspielen, instrumental begleiten und kreativ gestalten. Mit Letzterem beginnen wir, indem wir ein Herbstbild malen.

### Grafik

Jedes Kurskind arbeitet ausschließlich mit den Farben Orange, Gelb, Braun und Grün. Welche Eindrücke können wir auf das Papier bringen? Diese Übung lässt sich auch wunderbar auf dem Boden mit Hilfe einer Malstraße verwirklichen!

## Varianten

**Herbst-Picasso:** Unsere kleinsten Kursteilnehmer malen und gestalten in der Regel sehr gerne. Um diese Übung einfach und unkompliziert zu gestalten, rollen wir möglichst große Malpapierbahnen aus, und der Kursleiter oder die größeren Kinder zeichnen mit einem schwarzen Stift große Blätter in verschiedenen Formen vor. Die jüngeren Kinder dürfen diese Blätter mit den vorgegebenen Herbstfarben (am besten Wachsmalfarben für die Kleinen) gestalten. Im zweiten Schritt können die Blätter ausgeschnitten werden; aufgefädelt sind sie eine schöne Dekoration für einen Elternabend, der meist im Herbst ansteht.

**Herbstwanderung im Wald:** Mit diesem Bewegungsspiel trainieren wir unsere körperliche Ausdruckskraft, das Gedächtnis, die Fein- und Grobmotorik und unsere persönliche Wahrnehmung. In unserer Sitzrunde besprechen wir die Wanderung durch den herbstlichen Wald. Natürlich haben wir uns einen Tag ausgesucht, an dem es regnet, stürmt, später die Sonne wieder scheint. Wir haben uns warm angezogen und sollten immer wieder die Regenjacke aus- und anziehen. Die Wassertropfen hören wir während des Regens als Rauschen, danach scheint die Sonne, und die letzten Tropfen platschen von den Blättern auf den Waldboden. Die Aktivitäten können wir pantomimisch darstellen, die Geräusche im Wald erzeugen wir mit unseren Elementarinstrumenten. Ganz wichtig ist die Besprechung, eventuell braucht es kleinere Abstimmungen während der Übung. Es sollte, eventuell auch auf einer Papierbahn mit Symbolen vermerkt, ein Aktivitätenplan und damit eine Art Partitur entstehen. So kann die Übung auch beliebig wiederholt werden. Anregungen zum pantomimischen Teil sind auch in den Anfangs- und Abschlussritualen (Seite 169 ff.) zu finden.

## Vertiefung

**Vertiefungsübung:** Mit Anleitung des Kursleiters, eventuell sogar gemeinsam mit ein oder zwei Müttern, basteln wir Klangflaschen, die das fallende Laub symbolisieren sollen. Wir füllen die Flaschen unterschiedlich hoch auf und versuchen die beim Anschlagen entstehenden Töne zu hören. Im nächsten Schritt werden die Flaschen so sortiert, dass die Klangleiter von den hohen zu den tiefen Tönen verläuft. Die Kinder spielen diese Töne, und nach Wunsch können auch unsere gesammelten Blätter von oben nach unten flattern. Daraus kann mit entsprechender Begleitmusik bekannter Liedmacher eine kleine Aufführung entstehen.

**Musiktheoretische Vertiefung:** In unserer Sitzrunde überlegen wir uns, welche Instrumente das Rascheln und Fallen der Blätter am besten interpretieren. Gängige Instrumente, z. B. Trommeln, können mit den Fingernägeln so instrumentalisiert werden, dass wir bei geschlossenen Augen ein Rascheln im Herbstlaub hören. Wenn wir einen gewissen Grundbestand an elementaren Instrumenten haben, können wir es den Kindern überlassen, wie sie die Instrumente auswählen, zum Klingen bringen und in der Sitzrunde ihr Herbstrascheln, Regengetröpfel oder gar den Sonnenschein instrumental vorstellen. In dieser Übung ist das Kennenlernen der Instrumente der Schwerpunkt – für die kleinen Kursmitglieder ideal. Im Anschluss werden die Instrumente vom Kursleiter erklärt (Material, Klang, Einsatz, Name usw.)

## 2.7 Lerneinheit
## **Nikolaus**

### Ziel der Lerneinheit

Die Lerneinheit stellt – immer noch unter dem Aspekt des Erwerbs kognitiver Fähigkeiten betrachtet – einen Kontext zwischen den verschiedenartigen Elternhäusern, deren familiären Ritualen und unserer Gruppe her und bildet damit sozusagen eine Brücke! Wir binden die Eltern lediglich insoweit ein, als wir sie bitten, mit den Kindern die zu Hause gebräuchlichen Nikolausriten zu besprechen, eventuell Nikolauslieder zu singen und Erwartungshaltungen an diesen Tag zu klären. Es sollte ein bunter, gerne auch internationaler Gedankenaustausch entstehen, den wir lediglich mit unserer Stimme, den individuellen Sprachmöglichkeiten und unserem Gesang erarbeiten und ausdrücken wollen. Mitgebrachte Lieder werden gesungen, wir wollen die unterschiedlichen Stimmungen einfangen und zum Weitersingen animieren. Tänze oder Spiele aus dem Elternhaus sollen die Stunde interessant gestalten, Instrumente sind selbstverständlich eine zusätzliche Bereicherung. Wir animieren unsere Kinder in einer derartig „freien" Stunde, ihren stimmlichen und körperlichen Ausdruck zu entwickeln, ihr Selbstbewusstsein zu stärken und Kreativität und Fantasie ohne Angst auszuleben. Auch Eltern, die den Nikolaustag nicht feiern, können ihre eigenen Vorstellungen des „Feierns" einbringen. Der Nikolaus mit seinem großen Sack und den vielen „versteckten Dingen" kann uns bestimmt viele schöne Aktivitäten bescheren ...

### Materialtipp

Mitgebrachte Lieder, Tänze, Spiele, Kostüme etc., eventuell kleine Naschereien und Mineralwasser bzw. ungesüßter Weihnachtstee. Der Kursleiter kann außerdem einen Jutesack und für jedes Kind – zum Abschluss – eine Kleinigkeit vorbereiten. Landestypische Speisen, Lieder, kleine Basteleien, Wichtelgeschenke und Spiele könnten auch Eltern organisieren.

### Grundthema

Wir greifen die Spannung vor dem Nikolaustag auf und singen *„Nikolaus ist ein guter Mann, von dem man sich was wünschen kann! Nun wünsch' ich mir ..."* Diese Singrunde, als Einstieg im Sitzkreis, bringt uns unmittelbar ans Ziel, weil sie die Kinder zum improvisatorischen Nach- oder Weitersingen anregt. Wir versuchen in einem Sprechgesang jedem Kind die Möglichkeit zu geben, den Satz zu singen und mit dem persönlichen Wunsch abzuschließen. Kinder, die sich nicht trauen, werden von anderen Schülern oder dem Kursleiter unterstützt. Wir fangen damit unser Geschenkethema ein und bereiten uns auf dessen Variationen in der Weihnachtszeit vor. Der Gesang spielt in den winterlichen Lerneinheiten oft schon aus traditionellen Gründen eine zentrale Rolle. Das „Erarbeiten" der Lieder heißt nicht nur bloßes Nachsingen. Vielmehr wollen wir Liedvorschläge aufnehmen, Parameter ändern – mal allein singen, mal in Gruppen, laut, leise, Lieder wandern lassen, vertonen, jedoch hier und heute nur mit unserer Stimme.

**Grafik**
Wir füllen den Sack vom Nikolaus mit einem kleinen Wunsch. Kurzes Gespräch: Was sind große Wünsche, was sind kleine Wünsche?

K 9
S. 186

## Varianten

**Stimmendrums:** Wir experimentieren mit unserer Stimme, gerne völlig frei mit sehr jungen Kindern, u. U. auch auf eine uns bekannte Weihnachtsmelodie. Wir vertonen die gewählte Melodie mit da, da, da oder mi, mi, mi oder einem anderen, stimmlichen Geräusch. Das hat den Vorteil, dass wir im ersten Schritt keinen Text erlernen müssen und uns ganz auf die Melodie, die unterschiedlichen Stimmlagen und eventuell schon den Rhythmus konzentrieren können. Die Kinder sollten alle mitmachen, möglichst „synchron", und sich wechselseitig unterstützen, Hemmungen abbauen und viel Spaß haben. Auch hier können wir mitgebrachte CD`s gut einsetzen – zudem können die Kursteilnehmer noch ihre persönlichen Lieblingshits in der Nikolauszeit einbringen!

**Der Nikolaus wandert:** Wenn wir Lieder wandern lassen, singt das erste Kind nur so lange, wie es vereinbart ist, ein Signal ertönt oder der Lehrer klatscht. Wichtig ist, dass die Kinder ihre Stimme auch mal solo hören, den Mut zum Solosingen aufbringen und andere Kinder dabei beobachten. Wenn Lieder oder kleine Liedteile einzeln gesungen werden, können Kinder ihre Intonation sehr bewusst erleben, einschätzen und ihre eigene Stimme korrigieren.
Ein Lied, das den Kindern gefällt, sollte nicht nur in einer Einheit gesungen werden. Wiederholungen müssen sein, die Kinder erkennen den eigenen Lernstand, und Variationen sind leichter umzusetzen, wenn die Kenntnis des Erlernten gefestigt wird. Welche Lieder auch immer verwendet werden, die festgelegte Ausgestaltung des jeweiligen Liedes ist als Rahmen unabdingbar!

**Ein müder, lustiger oder trauriger Nikolaus?** Die Differenzierung unseres Ausdruckes, die individuelle Grundstimmung lässt Lieder unterschiedlich wirken. Wir können ein und dasselbe Lied in verschiedenen Grundstimmungen singen. Müde wirken wir, wenn wir leise, eher langsamer und träge singen, lustig, wenn wir laut und schneller singen. Eine verhaltene, zögerliche Stimme vermittelt uns eine traurige Grundstimmung, eine helle, laute Stimme wirkt eher anregend und lustig. Wir nehmen uns ein der Gruppe bekanntes Lied vor und bilden Gruppen, welche die entsprechenden Gefühlslagen einüben.

## Vertiefung

**Vertiefungsübung:** Jede Stimmübung, die darauf abzielt, die passenden Töne zu finden und somit ein Lied mit der eigenen Stimme zu vertonen, basiert auf unserem Atmen. Das Atmen an sich ist ein elementarer Vorgang, der vom Körper kommen muss und gezielt eingesetzt werden sollte. Übungen zur Stimmbildung müssen regelmäßig wiederholt werden, nur so schulen sie die Stimm- und Sprechfähigkeit der Kinder. Diesen Erfahrungskreislauf verstärken wir in dieser Einheit mit folgenden Übungen: Wir legen unseren Kindern Gegenstände auf den Bauch und atmen bewusst, wir pusten und zischen beim Ausatmen, Luftballons werden aufgeblasen, Wattebäusche werden weggepustet, wir blubbern mit Strohhalmen in unseren Wasserbechern, vielleicht bringen wir auch eine Kerze zum Flackern. Auspusten wollen wir sie jedoch nicht.

**Musiktheoretische Vertiefung – Stimmencrescendo:** Bleiben wir bei unserer Stimme und wiederholen kurz die Parameter „hoch" und „tief". Dann stellen wir uns vor, dass wir in einem Rennwagen sitzen und fahren. Zuerst fahren wir nach oben (unsere Stimmen werden lauter und schneller), dann fahren wir nach unten. Unser sogenanntes Stimm-Crescendo bzw. unser Stimm-Decrescendo können wir mit „rrrrrrrr", „mmmmmhhh" oder auch anders vertonen. Natürlich sind auch imaginäre Lenkbewegungen und eine entsprechende Anweisung des Kursleiters wichtig, wenn die Gruppe gemeinsam den Berg hinauf oder hinunter bzw. schneller oder langsamer fahren soll.Eventuell können wir unsere stimmlichen Aktivitäten auch auf bestimmte Tonlagen (Vorgabe vom Kursleiter durch Klavier oder Gitarre?) fixieren und sogar Kinder finden, die eine Oktave höher/tiefer singen? Die Kinder sollten verinnerlichen, dass richtig geführte Töne aus dem Körper kommen. Außerdem gehören Konzentration, Aufmerksamkeit und die richtige Körperhaltung dazu. Frage: Wer von den Kindern hat schon mal einen großen Chor beobachtet?

**Kulturübergreifende Betrachtungen:** Natürlich ist der heutige Nikolaus eine Figur aus dem Legendenschatz der christlichen Kultur. Kinder, die einen anderen kulturellen Hintergrund haben, interessieren sich vielleicht für den Herkunftsort des Mannes, wenn man ihnen erklärt, dass der historische Nikolaus von Myra aus einem Ort namens Demre stammt, der etwa 100 Kilometer südwestlich von Antalya in der heutigen Türkei liegt.

## 2.8 Lerneinheit
## Weihnachtszeit

**Ziel der Lerneinheit**
Die Weihnachtszeit ist noch nicht Weihnachten, aber wir wollen uns emotional darauf einstimmen. In dieser Lerneinheit setzen wir Musik in Bewegung um, sprechen ein Gedicht mit Pantomime und veranschaulichen Ideen, Wünsche und Anregungen in vorweihnachtlicher Stimmung. Auch Kinder anderer Nationen lassen sich in der Regel von dieser Vorfreude anstecken, haben unzählige Wünsche und freuen sich auf Weihnachten, die Jahreswende oder auch das Zuckerfest. Ein interkultureller Austausch in der Gruppe sollte dahingehend stattfinden, dass Kinder unterschiedlicher Nationalitäten liebgewonnene Rituale der Familien berichten und zeigen dürfen. Der Versuch, einen Hauch des Festes, das heimelige Gefühl und möglichst anregende Aktivitäten zu vereinen, wird uns in dieser Lerneinheit gelingen.

**Materialtipp**
Weihnachtliches Deko-Material der Eltern oder des Kursleiters, LED-Teelichte für die Stimmung in der Gruppe, Lichterketten, Elementarinstrumente bzw. Instrumente der Kinder, eine weiche Decke zum Ausbreiten – der Sitzkreis soll möglichst gemütlich gestaltet werden.

**Grundthema**
Wir stimmen den Winter mit einem Schneeflockentanz ein und versuchen ein Weihnachtsgedicht bewusst zu hören und pantomimisch zu vertonen.
Und da geht es schon los, denn wir wünschen uns so viel ...

*Ein Kuscheltier, ein Puppenhaus und einen roten Ball,*
*eine Tschu-tschu-Bahn, ein Spielzeugauto und eine Puppe – Weihnachten naht!*

*Ich wünsche, ich will ... unbedingt!!!*

*Ein PC-Spiel, ein Handy und eine Playstation, – ganz, ganz wichtig! – aber ist das noch Weihnachten???*

*Kerzen, reich geschmückte Weihnachtsbäume, glitzernde Kugeln und duftende Adventskränze – auf den Weihnachtsmärkten zu bewundern.*

*Das war und ist Weihnachte: Ruhe, Liebe, Gefühl, Gespräche – eine Familie, ein geliebter Mensch, Mama und Papa, Oma und Opa – Zufriedenheit ...*

*... und die vielen Wünsche, an die keiner gedacht hat ...*

*Regen, Sturm, Wind und Schnee – Flocken und noch mehr Wünsche ...*

Wir versuchen den Schneeflockentanz (siehe Varianten) einzuüben und unser neuzeitliches Weihnachtsgedicht instrumental und pantomimisch vorzutragen. Erlaubt sind nicht nur Bewegungselemente, auch Grimassen, emotionale Gesten ...

**Grafik**
Wir gestalten einen Wunschzettel! Wer noch nicht schreiben kann, malt einfach!

## Varianten

**Schneeflockentanz:** Schneeflocken sind uns leider nicht in jedem Winter beschert – aber unsere Wattebäusche – wir verteilen sie im ersten Schritt an die Kinder und befühlen sie, lassen sie hüpfen, tanzen und werfen sie in die Luft. Zu einer beliebigen Musik tanzen wir, balancieren unsere Schneeflocken auf dem Kopf, auf der ausgestreckten Hand, bilden eine lange Schneeflockenkette (wie eine Polonaise) usw. - Ziel dieser Übung ist das freie Tanzen und der Balanceakt mit unseren Watte-Schneeflocken.

**Triangelspiel:** Auf der Tafel zeichnen wir eine Viertelnote, eine halbe Note und eine Achtelnote. Die Bedeutung der verschiedenen Notenwerte erklären wir über schnellere/langsame Schritte, Klatschen oder – sehr eindrücklich im Winter – über Triangelklänge. Sollten nicht genügend Triangeln vorhanden sein, können wir auch Glockenspiele verwenden. Das metallische Klingen in verschiedenen Tempi vermittelt das Tanzen der Schneeflocken, und wir lernen recht unproblematisch die drei wichtigsten Notenwerte. Die Notation auf einer Tafel oder einer Papiermalbahn ist dringend anzuraten, da sich diese Zeichen so verinnerlichen und im weiteren Verlauf als Grundlage für eine „Schneeorchester-Partitur" verwendet werden können.

**Internationales Wichteltreffen:** Die Vorweihnachtszeit ist von der Vorfreude auf das Fest geprägt! Familien aus unterschiedlichen Ländern erleben auf verschiedenste Art und Weise diese vorweihnachtliche Zeit und das Fest an sich. In einer bunt zusammengewürfelten Gruppe sollte das gegenseitige Erzählen, Gestalten, das Anhören landesspezifischer Weihnachtslieder etc. ... nicht zu kurz kommen. Diese Aktivität ist – zugegebenermaßen – nicht unbedingt nur musisch geprägt, allerdings kreativ zu erarbeiten (Malen, Basteln) und dient der Kommunikation in der Gruppe, eventuell sogar mit den Eltern. Schon beim Elternabend können Erwartungshaltungen und Wünsche der Eltern besprochen und geplant werden. Beispielsweise können kleine landestypische Geschenke oder Speisen vorbereitet werden. Bei unserem internationalen Wichteltreffen erhalten Kinder oft ganz ungewöhnliche Geschenke aus fernen Ländern – wie könnte man sich besser kennenlernen ...

## Vertiefung

**Vertiefungsübung:** Unsere Kinder haben mit Sicherheit Lieblings-CDs, eigene Instrumente und Lieder, die zuhause gespielt und gesungen werden. Schon vor der Stunde bitten wir Kinder und Eltern, uns möglichst viele Lieder und Instrumente, gerne auch Ideen mitzubringen. Eventuell sind auch Eltern bereit, mit uns zu musizieren. Ziel dieser Vertiefungsübung ist es, als Gruppe zwei oder drei Weihnachtslieder so einzuüben, dass Instrumente von schon eingeübten Kindern gespielt werden, Takte eingehalten werden, eventuell zwei oder drei Schauspieler pantomimisch eine kleine Vorführung am Rande darbieten und eine Weihnachtsdekoration gebastelt wird. All diese Aktivitäten haben ein Ziel: Wir bereiten unsere letzte Weihnachtsstunde bzw. -vorführung vor. Dazu sollten in einem kreativen Unterricht eine musische Variante, geeignete Dekoration (Malen, Basteln), Gesang und Tanz abgedeckt sein. Jeder übernimmt altersgerecht geeignete Aufgaben.

**Musiktheoretische Vertiefung – Schneeorchester:** Wir breiten die uns zur Verfügung stehenden Instrumente im Kreis aus und überlegen gemeinsam, wie ein selbst komponiertes Schneeorchesterstück klingen könnte. Falls wir ältere und jüngere Kinder in der Gruppe haben, sollten wir eine kleine Instrumentenkunde (Material, Klang, Einsatz, Handhabung, Bezeichnung) an den Anfang stellen. Über die Art des Klanges können wir den Einsatz des jeweiligen Instrumentes planen. Wir sollten besprechen, ob wir abwechselnd, laut/leise, schnell/langsam spielen; wer ist der Dirigent und wie schreiben wir unsere Musik auf? Eventuell können die Kinder die Bedeutung der halben, Viertel- und Achtelnoten erlernen und die verschiedenen Tempi umsetzen ... (siehe auch Einführung in den Variationen!).

# 3. Kapitel: Ausdruck, Entfaltung

## Individuelle Sprachförderung

Unsere Stimme, die eigene stimmliche Ausdruckskraft, individuelle Aussprache und auch unser Gesang machen uns unverwechselbar, lassen uns mit anderen Menschen Kontakt aufnehmen und kommunizieren und sind letztlich auch prägend für die Integration in eine Gruppe, eine Klasse, eine Familie oder einen Freundeskreis. Um die soziale Integration eines jungen Menschen zu gewährleisten, muss die individuelle Sprachförderung möglichst früh beginnen.

In der Regel findet der frühkindliche Spracherwerb im familiären Umfeld statt. Die erlernten Fähigkeiten werden dann erstmals in den Kindertagesstätten, in Musik- und Kreativgruppen angewendet. Schon hier gibt es große Unterschiede, die teilweise von der individuellen Sprachfähigkeit des Kindes abhängen, teilweise auch ursächlich von der Art der Kommunikation im häuslichen Umfeld, vom Medienkonsum und der grundsätzlichen Bereitschaft der Eltern, sich mit den Kindern auseinanderzusetzen.

Die Sprachfähigkeit eines Kindes muss in jedem Fall individuell gefördert werden. Jedes Kind hat gegebene kognitive Fähigkeiten, eigene soziale Grundstrukturen und ein bestimmtes Temperament. Zudem kommen bei vielen Kindern Entwicklungsverzögerungen, krankheitsbedingte Einschränkungen oder Lernschwächen hinzu. Dies ergibt einen Gesamtmix, der die Individualität einer ganzheitlichen Sprachförderung bereits erahnen lässt. In den nachfolgenden Lerneinheiten wird auf diese teilweise vorhandenen Defizite immer wieder eingegangen. Man merkt recht schnell, dass im Unterrichtsalltag nicht alle Übungen bzw. Lernziele für die Gesamtgruppe passen. Dennoch kann jede Unterrichtsvorlage auf die dringlichsten Probleme hin ausgerichtet werden.

Der zweite zentrale Punkt für den Erfolg einer Sprachförderung ist die Kommunikation zu Hause und, untrennbar damit verbunden, die Bereitschaft der Eltern, mit den Kindern zu sprechen, zu diskutieren oder auch einfach zu singen.

Häufig wird in den Elternhäusern zu wenig gesprochen bzw. kommuniziert. Wenn nach Feierabend bzw. Schulschluss (diese liegen heute ja zeitlich nicht mehr so weit auseinander) jeder vor seinem Notebook, Laptop oder Fernseher sitzt, wenn in jedem Kinderzimmer die vollkommene Medienausstattung zu finden ist und die kleinen Lieben zur Not auch noch alle ein Handy haben, dann bleibt die für die sprachliche Bildung notwendige Unterhaltung meist auf der Strecke. Glaubt man den Erzählungen der Schüler, gibt es in diesen Familien oft auch keine festen Rituale, Essenszeiten oder gemeinsamen Unternehmungen. Anzunehmen, dass dies ausschließlich Familien mit schlechter Bildung, Sozialhilfeempfänger etc. wären, erweist sich jedoch als Trugschluss! Dieses Phänomen zieht sich durch alle gesellschaftlichen Schichten. Mitunter sind die in dieser Hinsicht „ärmsten" Kinder diejenigen, die in den besten Wohnverhältnissen leben, jedes Freizeitangebot und gutverdienende Eltern haben. Wozu sollten wir denn sprechen, wenn wir unsere Nachrichten „simsen" und unsere Bedürfnisse in Zeichen, etwa in Smileys, ausdrücken können?

Da sind wir schon beim letzten Hemmschuh für die sprachliche Entwicklung. Bisher hatten wir konstatiert, dass in der falschen Sprache oder zu wenig geredet wird. Leider ist in jeder Musik- oder Schulgruppe zu beobachten, dass der Medienkonsum stetig steigt und dass sich dies häufig negativ auf die sprachlichen Fertigkeiten auswirkt.

Auch früher waren die Eltern nach der Arbeit müde und daher froh, sich zu Hause vor den Fernseher setzen zu können, ohne lange Gespräche führen zu müssen. Heute schimpfen die meisten Erwachsenen über die Medienvielfalt und das entsprechende Verhalten der Kinder und Jugendlichen. Aber wie sieht es denn bei den Vorbildern aus, etwa den Eltern? Oder bei den Pädagogen? Eltern verbringen ihre Freizeit mitunter in Blogs, spielen stundenlang am PC Spiele und sind natürlich in dieser Zeit auch nicht greifbar für die Kinder. Pädagogen schicken die Hausaufgaben per E-Mail, teilen Klassenarbeitsinhalte und zu erledigende Hausaufgaben auf dem gleichen Weg mit und beschweren sich über die Heftführung und die Schrift der Kinder. Vielleicht bekommen viele Kinder die Infos auch nicht, weil die jeweiligen Väter oder Mütter gerade den PC belagern? Und wozu sollten die Kinder schreiben und sprechen, wenn doch so oder so alles über den elektronischen Weg erledigt werden kann?

An diesem Punkt können Pädagogen ansetzen. Sprachförderung lebt von den Bemühungen der Eltern oder Pädagogen. Diese Gruppen müssen Vorbild sein, auf Fehler bzw. unbeholfene Sprachversuche reagieren und bessere Lösungen anbieten. Die Kinder sollten sich als Folge einer guten Sprachförderung geistig und körperlich normal entwickeln und eventuell vorhandene körperliche, soziale bzw. geistige Probleme mit der Zeit ausgleichen können. Mit Hilfe eines vielfältigen Angebots – etwa unterhaltsamen Spielen, kreativen und sprachlich wertvollen Lernansätzen und nicht zuletzt Musikstücken, die oft wiederholt werden – stellt sich der Lernerfolg dadurch ein, dass sich die Lerneinheiten im übertragenen Sinne wie Mosaiksteinchen in den Köpfen der Kinder festsetzen. Hier sollte sehr genau unterschieden werden, ob Kinder sprachlich in einem normalen Entwicklungsstand sind oder ob aufgrund von sozialen Problemen oder durch den Versuch, die Kinder mehrsprachig aufwachsen zu lassen, Sprachdefizite vorhanden sind.

Vielleicht sollten wir kurz auf die einzelnen Bausteine der Sprachentwicklung eingehen. Die zu erlernende Sprache besteht nicht nur aus aneinanderzureihenden Buchstaben. Kinder müssen den jeweiligen Wortschatz und die Grammatik einer

Sprache erlernen. Der Mund und die Zunge müssen motorisch gut funktionieren (die körperliche Komponente) und ein gewisses Sprachgefühl ist ebenfalls entscheidend. Allerdings ist nicht jedes Kind sprechfreudig bzw. kommunikationsbereit, sondern fällt durch die sprichwörtliche „Mundfaulheit“ auf.

Nach meiner Erfahrung helfen diesen Fällen (ebenso wie bei anderen Sprachdefiziten) bunt gemischte Gruppen. Kinder beobachten sich, die schwächeren Schüler lernen von den starken Gruppenmitgliedern, und mit etwas Glück kann der Pädagoge schon, kaum dass sich die kleinen Schüler kennengelernt haben, durch eine gute, heterogene Gruppendynamik die ersten Erfolge feiern!

Ein mangelhafter Spracherwerb der Hauptsprache durchsetzt alle Fächer, insbesondere die Lernfächer. Das hat grundsätzlich nichts mit der Intelligenz der Jungen oder Mädchen zu tun. Die sprachliche Basis wurde falsch ausgerichtet und die Probleme haben sich im Laufe der Zeit aufsummiert. Nicht ohne Grund bemühen sich heute mehr und mehr Erwachsene vor Weiterbildungen bzw. Bewerbungsverfahren um Sprachunterricht. Es lässt sich aufholen; dies ist aber als Erwachsener ein beschwerlicher Weg.

Zusammenfassend kann man sagen, dass eine umsichtige und pädagogisch geplante Sprachförderung viele Probleme verhindern und abschwächen kann. Sie hat einen präventiven Charakter – wir können auf diese Weise Problemen zuvorkommen.

Kinder mit Lese-Rechtschreib-Störungen, Problemen bei der Aussprache usw. werden durch die gezielte Sprachförderung nicht von allen Problemen befreit. Zweifellos werden diese Kinder ihre persönlichen Einschränkungen wenigstens teilweise überwinden können. Mit herkömmlichen Sprachförderübungen stoßen wir aber an Grenzen, wenn ein Kind eine ausgeprägte Sprachstörung hat oder eine Sprachtherapie benötigt.

Wenn ich meine Elternschaft befragen würde: Alle Eltern würden drohende Probleme von ihren Lieben gerne fernhalten wollen, mit Sicherheit! Aus diesem Grund entscheiden sich viele Eltern dafür, ihre Kinder zu fördern, ihnen Musik-, Kreativ-, Theaterunterricht oder eine Gesangsausbildung anzubieten. Es nützt in jedem Fall und schadet nie!

Körperliche Einschränkungen kommen allerdings vor und müssen von fachkundigen Therapeuten betreut werden. Abweichungen von einer entwicklungsgerechten Sprachentwicklung können früh beobachtet und mit Hilfe gezielter Angebote in Zusammenarbeit mit den Eltern verbessert werden. Eltern können beispielsweise mit den Kindern Unterrichtsstoff wiederholen, Kopiervorlagen nutzen oder – etwa nach dem Musikunterricht – zu Hause weiterüben. Wenn sich Eltern für die absolvierte Lernstunde des Kindes interessieren und gemeinsam mit dem Kind das Erlernte wiederholen, haben sie einen weiteren Schritt der sprachlichen Förderung gesichert. Man könnte fast schon von einem Synergieeffekt sprechen, wenn alle Beteiligten wechselseitig Anregungen aufnehmen und wiederholen!

Noch ein Gedanke zum Abschluss: Wir haben über die Bausteine des Spracherwerbs sinniert, Einzelanforderungen beleuchtet und Grenzen zum Unmöglichen abgesteckt. Jedes Kind bewegt sich in diesem Netzwerk auf andere Art und Weise und muss als Individuum gefördert werden. Ein Effekt ist jedoch jedem Lernenden sicher: Freizeit- und Kreativangebote in den Grundschulen oder parallel dazu helfen den Kindern, sich zu entspannen. Damit wird eine Abwechslung zu den klassischen Themen in den Schulen angeboten. Ein entspanntes Kind kann sich wieder anspannen und konzentrieren. Die Konzentrationsfähigkeit unserer Kinder wird uns noch in vielen anderen Lerneinheiten beschäftigen und kann durch Musik, Gesang und Musizieren gezielt verbessert werden!

***Fallbeispiel: „Mehrsprachigkeit" kann ein Problem sein***

*Müssen die Kinder zwei oder sogar mehr Sprachen parallel lernen und haben sie einfach die von Geburt an notwendigen Voraussetzungen nicht dazu, bleiben nach unseren Erfahrungen meist alle geforderten Sprachen auf der Strecke. Dies zeigt das Beispiel des kleinen Murat. Bei der Anmeldung zum Musik- und Kreativunterricht berichtete mir seine Mama ganz stolz, dass all ihre Kinder Türkisch, Kurdisch und Deutsch lernen. Dies sei im Familienverbund kein Problem, alle Sprachen würden von Familienmitgliedern gesprochen und alle Kulturen auch im Alltag gelebt …*

*Wir hatten größte Probleme mit dem Jungen. Neben fehlendem Wortschatz in allen Sprachen konnte man im Lauf der Zeit feststellen, dass er auch in anderen Bereichen zurückfiel. Er war das beste Beispiel dafür, dass die Sprache nicht rein motorisch erlernt werden kann. Sie muss mit realen Situationen in der Familie oder in Bildungseinrichtungen verknüpft werden. Dadurch entsteht eine soziale, auf den Entwicklungsstand des Kindes abgestimmte Integration. Zwei- oder mehrsprachig erzogene Kinder müssen unfassbar viel leisten. Mit Sicherheit gibt es positive Beispiele. Die Mehrheit der Kinder jedoch tut sich schwer damit, den Anforderungen gerecht zu werden, welche die Eltern oft selbst nicht erfüllen können. Resultat ist in vielen Fällen, dass die so gern erhaltene Muttersprache nicht einmal mehr im Heimaturlaub gesprochen werden kann und die für die Schule so wichtige deutsche Sprache bis zum Schulabschluss nur mangelhaft beherrscht wird. Letztlich treffen die Eltern eine Entscheidung, die beim Kind vom frühesten Alter bis zum jungen Erwachsenen weitreichende Folgen hat, wo es beispielsweise gilt, Bewerbungsverfahren erfolgreich zu bestehen.*

*Dass die Entwicklung endgültig negativ verläuft, wollen wir im Fall des kleinen Murat nicht hoffen. Trauriger Zwischenstand war allerdings, dass die kurdische Sprache nicht mehr gesprochen wird, Türkisch mehr schlecht als recht im Urlaub, und dass Murat in der Schule immer noch Probleme im Fach Deutsch hat.*

## 3.1 Lerneinheit
## Elefant, Pinguin und Känguru

### Ziel der Lerneinheit

Das übergeordnete Thema „Ausdruck und Entfaltung“ kann auf vielfältige Art und Weise umgesetzt werden. Kinder können sich sprachlich, emotional durch ihre Bewegungen ausdrücken, und das ist manchmal schwer zu trennen! Also nehmen wir uns ein beliebtes Thema („die Tiere“) heraus und legen den Schwerpunkt auf die Bewegungskoordination und die Rhythmik und deren Umsetzung im Unterricht. Das Thema „Tiere“ findet sich auch in diesem Buch mehrfach, und so wurden etwa Tierstimmen bereits in einer anderen Lerneinheit behandelt. Die bewegungsintensive Erarbeitung des heutigen Themas hingegen fordert die Grob- und Feinmotorik unserer Schüler. Die jüngeren Kursmitglieder werden mit der Unterscheidung der Tiere und den vorgegebenen Bewegungen gefordert sein; die älteren können das Thema mit der Ausarbeitung einer ersten Body-Percussion und einem Spiel verbinden, das sich Trommelregen nennt.

### Materialtipp

Trommeln, Tierkostüme, lange Schnüre, Lieblings-CDs (die von Tieren handeln), gerne auch Bücher mit Tierbildern, Tierposter usw.

### Grundthema

Die Einführung des Themas sollte möglichst ruhig in einem Sitzkreis geschehen, da die späteren Variationen recht bewegungsintensiv sind. Wie bewegen sich der Elefant, der Pinguin und das Känguru fort? Eher leicht und schnell oder schwer und langsam? Was unterscheidet diese Tiere, wie sehen sie aus, und gibt es Kinder, die mehr darüber wissen? Wir versuchen, möglichst mit musikalischer Untermalung, folgende Bewegungsarten zu unterscheiden: Gehen, Rennen, Trippeln, Springen, Schleichen, Schweben, Stampfen, Stolzieren, Hüpfen und Watscheln. Jede dieser Bewegungsarten soll einem Tier zugeordnet werden. Die Bewegungsvarianten werden somit besprochen, festgelegt und natürlich gleich ausprobiert! Die Auswahl der Begleitmusik bleibt dem Pädagogen überlassen – eventuell bietet sich auch eine eigene Begleitung auf dem Klavier oder Keyboard an, da dann die Geschwindigkeit und der Charakter der Musik besser an das jeweilige Tier angepasst werden können.

### Grafik

Wie könnte es auch anders sein: Welches Tier ist unser Lieblingstier? Die Kinder versuchen, es zu zeichnen. Wenn es nicht gelingt, können wir eventuell noch spezifische Farben verwenden.

## Varianten

**Unser Zoo:** Wir gehen jetzt alle denkbaren Bewegungsvarianten durch. Im Kreis versuchen wir, Bewegungsmuster zu finden und sie allen Gruppenmitgliedern zu erklären. Ziel ist natürlich, dass später alle Kinder die verschiedenen Fortbewegungsmöglichkeiten zuordnen und umsetzen können. Beispielsweise können Katzen schleichen, Mäuse trippeln, Leoparden rennen, Kängurus springen, Störche stolzieren, Hasen hüpfen und Enten watscheln – die Varianten sind unzählig und können vom Kursleiter/von den Kindern festgelegt werden. Wenn wir uns im Kreis bewegen und ein Tier aufgerufen wird, sollten alle Tänzer ihre Bewegungsart anpassen können!

**... nicht nur im Zoo, auch bei uns!** Wir klatschen den Rhythmus „lang-lang, kurz-kurz-lang" immer wieder, bis er sitzt! Wir gehen weg von den Tieren und befassen wir uns jetzt mit unseren „Körperinstrumenten", indem wir diesen Standardrhythmus ganz ohne Instrumente und Tierpantomime umsetzen: Wir stampfen, klatschen, klopfen auf die Oberschenkel, reiben die Handflächen, schnipsen mit den Fingern, tippen auf den Kopf, auf die Schultern, reiben uns den Po und können natürlich auch noch mit der Stimme unterschiedliche Laute erzeugen. Diese Abfolge (unsere Body-Percussion!) notieren wir anhand von Symbolen auf der Tafel und können sie dann beliebig – etwa auch als Anfangstanz – wiederholen. Eine synchrone Percussion-Vorführung mit einer konzentrierten Gruppe ist eine beeindruckende Sache!

**Bärenstampf!** „Der Bär, der Bär, der stampft so schwer" ... diesen Satz wiederholen wir immer wieder und versuchen möglichst exakte Viertelschläge zu „stampfen".

Im zweiten Schritt ergänzen wir den Stampf-Sprech-Reim mit den Zusätzen „und stampft nach rechts" – „und stampft nach links" – „und bäumt sich auf" –, und schließlich: „Und brüllt ganz laut." Dann kommt das Bärengebrüll, so laut wir können! Hier ist die Koordination der exakten Bewegungen in Verbindung mit dem Sprechreim das Ziel: die Verbindung der deutlichen Aussprache mit taktgebundenen Bewegungen.

## Vertiefung

**Vertiefungsübung – „Trommellauf":** Der Kursleiter versucht die eine oder andere Bewegungsart mit einem der Rhythmikinstrumente (die Trommel wird empfohlen) zu begleiten. Ein erster Takt entsteht. Wir wollen einen vorgegebenen Takt recht regelmäßig mitgehen, mitwatscheln, bewegungsmäßig umsetzen in Koordination mit unserer Tiergruppe (nicht die Musik vergessen!). Eventuell kann die Trommel zu Beginn alleine eingesetzt werden; danach jedoch ist die Übung mit Musik unterhaltsamer.

**Musiktheoretische Vertiefung – „Trommelregen":** Wir ernennen einen Trommler in der Gruppe. Diese bewegt sich konzentriert und in der vorgegebenen Geschwindigkeit. Sinnvoll ist es, wieder den Takt mit 1-2 oder 1-2-3-4 mitzusprechen, vielleicht auch nur flüstern oder rufen. Als Variante werden Zweiergruppen gebildet, jeweils ein Kind schließt die Augen. Das Partnerkind hält eine Trommel über den Kopf des sitzenden Kindes. Unser Trommelregen beginnt langsam, die Finger tippen vorsichtig auf die Trommel. Dann wird der Regen stärker, immer stärker und lässt schließlich wieder nach. Das sitzende Kind erzählt, nachdem es die Augen geöffnet hat, wie stark der Regen war ... Hier sind das bewusste Hören und absolute Ruhe sehr wichtig. Für unsere persönliche Entfaltung wollen wir natürlich auch die bewusste, individuelle Einschätzung des Partnerkindes. Diese eher ruhige Aktivität eignet sich für den Abschluss einer Stunde.

## 3.2 Lerneinheit
## Katzenjammer

**Ziel der Lerneinheit**

Für das Thema Katzen bietet sich zwangläufig wieder eine bewegungsintensive Erarbeitung an, denn Katzen sind flexible, schnelle Tiere, die jedoch auch ruhig und geduldig, sogar über längere Zeit still und abwartend verharren können. Diese Bewegungsgegensätze arbeiten wir heraus und ordnen sie eventuell sogar Kindern der Gruppe und ihren teilweise gegensätzlichen Temperamenten zu. Wir fördern mit spannenden Bewegungsspielen unsere taktile und sensomotorische Wahrnehmung, lernen den Raum intensiv kennen, erhöhen zudem unsere Reaktionsfähigkeit und arbeiten – wie könnte es auch anders sein? – an unserem Ausdruck und unserer Entfaltung. Dominante Kinder sollten lernen, Rücksicht zu nehmen, schüchterne Gruppenmitglieder dürfen getrost aus sich herausgehen und ein Stück Selbstbewusstsein entwickeln!

**Materialtipp**

Katzenkostüme, Wollknäuel, kleine Bälle, Ringe oder Reifen, niedrige Hocker, eine kleine Luftmatratze, Elementarinstrumente (Trommeln, Becken, Glockenspiele) für unsere Klangsignale

**Grundthema**

Zunächst unterhalten wir uns im Teppichkreis über Katzen, deren Aussehen, Angewohnheiten, was sie alles machen, wo sie leben und was sie fressen. Welches der Kinder hat eine Katze zu Hause oder in der Nachbarschaft? Wir kennen die Angewohnheiten der Katzen: Sie streichen umher, jagen Mäuse, wetzen die Krallen an Bäumen (leider auch manchmal an der Couch) und sind mitunter unberechenbar, denn sie können uns auch kratzen und anfauchen ... Mit einer rein instrumentalen Untermalung (gerne auch Klavier oder Gitarre) bewegen wir uns frei im Raum und spielen diese Verhaltensweisen nach. Der körperliche Ausdruck steht im Mittelpunkt: Wir fühlen uns wie Katzen und übertragen somit das sprachlich Vereinbarte auf eine taktile Ebene. Diese spielerische Katzenpantomime ermöglicht den Kindern eine bessere Körperwahrnehmung. Sehr junge Kinder können weniger Bewegungsvarianten umsetzen, behinderte Kinder oder Kinder mit eingeschränkten sprachlichen Möglichkeiten können auch mithilfe eines Kuscheltieres die Bewegungen umsetzen.

**Grafik**

Wo fühlt sich die Katze wohl? Wir malen einen Wohlfühlort, jeder für sich!

## Varianten

**Katz-und-Maus-Spiel:** Wir bilden Zweiergruppen, jeweils ein Kind schließt die Augen, das andere führt vorab besprochene Bewegungen einer Katze oder einer Maus auf dem Rücken des ruhenden Kindes aus. Nun muss das erste Kind raten, ob die kleine Maus oder die streunende Katze dargestellt wird. Die Katzen krallen leicht mit allen fünf Fingern, streichen samtig mit dem Handrücken und hüpfen mit einem leichten Schlag auf den Rücken. Die Maus jedoch trippelt mit (unseren) fünf Fingern auf den Schultern, knabbert am Käse mit einem leichten Kratzen des Zeigefingers im Nacken des Kindes und macht winzige Sprünge auf dem Rücken unseres Partners. Diese Bewegungen müssen wir erlernen und bei geschlossenen Augen auf unserem Rücken erkennen können. Eine sensomotorische sowie emotionale Anforderung, die Konzentration voraussetzt!

**Fantasie-Musik „Kater":** Der „Musik-Kater" ist ein bereits bekanntes Fantasietier, da es in vielen Früherziehungsratgebern vorkommt. Jedes Kind überlegt sich das Bild eines Musik-Katers in seinen Lieblingsfarben, mit charakteristischen Bewegungen und Geräuschen. Diese Figur sollte innerhalb von 15 Minuten von jedem Kind gemalt werden. Damit die jeweiligen Eigenschaften vor der Gruppe nicht vergessen und vorgestellt werden können, empfiehlt es sich, bestimmte Symbole unter den Musik-Katzen anzubringen. Wir sollten uns von den gängigen Vorstellungen verabschieden, dass Katzen nur braun, grau, schwarz oder weiß sein können. Es dürfen auch kunterbunte Kater mit außergewöhnlichen Eigenschaften vorgestellt werden. Das erfordert Mut, etwas Neues auszuprobieren und es der Gruppe vorzustellen, eventuell sogar Bewegungen oder Geräusche nachzuahmen ... Ein weiteres Plus: *Ältere Kinder können eventuell sogar einen Bezug zu surrealen Bildern herstellen!*

## Vertiefung

**Vertiefungsübung: Wir üben ein kleines, möglichst vertontes Katzentheaterstück ein!**

*... die Kätzchen treffen sich alle auf der Terrasse des Nachbarn. Da bellt plötzlich der große schwarze Hund des Nachbarn. Die Katzen bekommen einen Riesenschreck! (Wer von den Kindern möchte den großen schwarzen Hund spielen?) Die Katzen huschen so schnell wie möglich weg und verstecken sich. Es kehrt Ruhe ein. Schließlich schleichen sie aus ihren Verstecken und fangen an, ausgelassen auf der Terrasse zu tanzen ...*

Die Kinder sollten dieses kleine Stück nachspielen und spätestens bei der Wiederholung das Katzentheater vertonen, mit Instrumenten oder einfach mit ihren Stimmen. Als Abschluss sollten sich körperliche Ausdrucksweisen mit stimmlicher oder instrumentaler Vertonung verbinden. Wir beachten auch Mimik und Gestik unserer Schauspieler: Unsere Kursteilnehmer sollten den Zusammenhang zwischen dem wahrgenommenen Gesichtsausdruck und der jeweiligen Gefühlsebene verstehen.

**Musiktheoretische Vertiefung:** Wir nehmen in dieser Übung Stimmen sehr genau wahr, lernen die Bandbreite unserer eigenen Stimme kennen und sind ganz mutig! Mut bringen wir dergestalt auf, dass wir den Charakter unserer eigenen Stimme in der Gruppe präsentieren oder auch die Stimmen unserer Gruppenmitglieder mit ausgesuchten Instrumenten vertonen. Bei dieser Übung kann kein Kind „abtauchen" – entweder wird die Rolle des Singenden übernommen oder die des Musikers. Unsere Grundmelodie ist einfach. Wir rufen „Ach, ach, die Katz ist wach!", mal laut, mal leise, mit einem Trommelwirbel oder mit dem Klingen der Triangel. Für den Anfang üben wir das in der Gruppe, danach abwechslungsweise im Kreis. Diesmal jedoch bleiben die Darsteller stehen, damit sich die Stimme entwickeln kann. (Schon einmal einen sitzenden Chor gesehen? Das ist eher selten!) Ziel sollte ein kurzer Solo-Gesang sein, den sich jedes Kind zutraut. Außerdem bemühen wir uns um eine taktgebundene Begleitung mit einem klingenden Instrument. Der Einfachheit halber schlagen wir für jedes Wort im Reim eine Viertelnote an. Geeignet sind Glockenspiele, Triangeln, das Klavier, Klangstäbe usw.

# 3.3 Lerneinheit
## Drachenfest und Regenguss

**Ziel der Lerneinheit**
Unsere Herbststunden drehen sich um das Wetter, den Wind, Drachensteigenlassen und die Farbenvielfalt in dieser Jahreszeit. Wir nehmen Regenwetter oder Wind zum Anlass und versuchen, situative Erfahrungen in Klänge umzusetzen. Dazu führen wir ausgesuchte Spiele auf und fördern die Kinder, indem wir all ihre Sinne ansprechen. Mit Requisiten und Elementarinstrumenten entwickeln wir die auditive Wahrnehmung der Kinder, arbeiten an ihrer Feinmotorik und verbessern durch unser „Gruppengefüge" das Sozialverhalten. Diese Lerneinheit bietet sich an, wenn wir ausgesprochenes Herbstwetter haben, es also regnet oder windig ist. Die Farben des Herbstes sollten wir idealerweise in unseren Raum holen (Blätter, Äste, Deko). Oder besser noch: Wir verlagern die Stunde in den Außenbereich!

**Materialtipp**
Drachen, Regenschirme, Gießkannen, Eimer, Wasser, (Klang-)Gefäße, Tücher, lange Krepppapierschlangen (wehen im Wind ...), gesammelte Äste, Blätter, Kastanien, alle Dinge, die uns zum Herbst anfallen, Klebestifte und feiner Sand (für unsere „windigen" Sandbilder)

**Grundthema**
Wir nehmen im ersten Schritt das aktuelle Wetter zum Anlass und besprechen mit den Kindern Empfindungen und Tagesabläufe. Nehmen wir das Fahrrad, wenn es regnet? Oder fährt uns die Mutter? Müssen wir bei Wind und Sturm den Eltern helfen, damit es keine Schäden am Haus oder im Garten gibt? Das Regenwetter und seine verschiedenen Ausprägungen – welche kennen wir? Es riecht anders, die Geräusche der vorbeifahrenden Autos verändern sich. Wenn wir im Bett liegen, hören wir, wie es tröpfelt, und können meist besonders gut einschlafen.

Diese Lerneinheit bringt den Kindern Wetterereignisse nahe, macht naturwissenschaftliche Zusammenhänge deutlich und vermittelt Allgemeinwissen. Nach dem Einführungsgespräch (wichtig!), gehen wir an die Umsetzung des Themas, mit dem wir die Fantasie anregen und die Grob- und Feinmotorik fördern. Insbesondere bei den Windbewegungen lernen wir, auf unsere Gruppenmitglieder zu achten. Die Umsetzung eines Alltagsthemas mit einfachen Liedern oder Sprechreimen fördert Kinder auf einer kreativen Ebene. Kleine Bewegungen, Handspiele oder auch ein kurzes Rollenspiel hilft den Kindern, Inhalte zu verinnerlichen, sozusagen eine „kleine Gedankenbrücke zu bauen" und im Anschluss daran das Thema umso kreativer anzugehen.

K10
S. 187

**Grafik**
Wer malt den schönsten Drachen? Wir haben für die jungen Kinder einen Ausmaldrachen vorbereitet …

## Varianten

**Das Windkind:** *„Kind, Kind, es weht ein Wind! Blase, blase um die Nase! Wind, Wind, komm geschwind!"* Wir wiederholen diesen Reim erst im Sitzen und achten auf eine deutliche Aussprache. Dann beginnen wir, unserem Reimvortrag die entsprechenden Bewegungen hinzuzufügen – idealerweise mit Tüchern, Bändern oder kleinen Deko-Drachen. Wir stellen uns im Kreis auf, wiederholen unseren Windreim immer wieder, blasen nach jedem Satz (Atemübung!) und bewegen unsere Arme über dem Kopf bzw. vor dem Körper. Unser „Windkind" vereint Sprache, Bewegung und das bewusste Atmen: eine Übung für die verschiedenen Sinne!

**Atemauszeit:** Nach unseren Windaktivitäten legen wir uns an einer beliebigen Stelle im Raum auf den Rücken. Unser Körper berührt an möglichst vielen Stellen den Boden; wir verharren ein bis zwei Minuten in dieser Position, dann ziehen wir die Beine an und stellen die Füße auf den Boden. Mit geschlossenen Augen hören wir in uns hinein und hören auf unseren Atem. Wir legen die Hände auf den Bauch und spüren, wie der Bauch sich hebt und senkt … Wir summen: Was macht das in dieser Lage mit unserem Körper? Diese Übung kann auch am Schluss als Entspannungsübung „eingebaut" werden.

**Sandbilder:** Diese Aktivität stellt eine unkomplizierte Bastelanleitung mit großer Wirkung dar. Wir verteilen Pappen oder dickeres Papier und bestreichen es dünn mit flüssigem Kleber. Dann benutzen wir Bastelsand, Glitzersand, kleine Perlen, Sticker und kreieren unser individuelles Windbild. Schön wäre es, wenn wir den Kindern vermitteln könnten, dass unsere Werke den Wind symbolisieren bzw. einen gewissen „Schwung" widerspiegeln. Man könnte natürlich einfach auf das feine Bastelmaterial „blasen", doch das ist nur im Außenbereich sinnvoll!

**Was macht der Wind mit den Luftballons und den Drachen?**
Jedes Kind bekommt einen Luftballon (oder einen selbstgebastelten Drachen aus leichtem Material [Krepppapier?]) und lässt ihn erst einmal von der einen in die andere Hand schweben. Kein Luftballon sollte den Boden berühren. Dann wird der Wind, also unser Atem, durch unser Pusten stärker! Wir lassen die Luftballons immer höher fliegen, dürfen sie dann allerdings nur nach bestimmten Regeln wieder auffangen: mit dem Kopf, mit dem Zeigefinger, mit dem Ellenbogen oder der Schulter. Die Kinder, deren Luftballon auf den Boden fällt, scheiden aus. Wer ist der König des Windes?

## Vertiefung

**Vertiefungsübung – Wettervorhersage:** Wir erarbeiten eine kleine Stimm- und Body-Percussion und teilen die Kinder in zwei Gruppen. Jede der Gruppen erarbeitet – für sich und geheim – stimmliche und bewegungsspezifische Signale für festgelegte Wettervorkommnisse. Regen könnte z. B. mit dem Klacken der Zunge, Wind mit Zischgeräuschen, Donner mit dem Trampeln der Füße etc. ... vorgeführt werden. Nach Abschluss der Gruppenarbeit müssen die Gruppen die Wettervorhersage der anderen Gruppe erraten. Wir können diese Übung natürlich perfektionieren indem wir noch Instrumente, Regenmacher, Klangstäbe oder andere Instrumente zur Verfügung stellen!

**Musiktheoretische Vertiefung – Pfützentakt:** Wir legen Bänder oder Seile jeweils kreisförmig aus, das werden unsere großen oder kleinen Pfützen. Mit musikalischer Begleitung tanzen wir frei! Sobald die Musik aufhört, müssen wir uns in eine der Pfützen „retten", wenn sie wieder erschallt, geht der Tanz weiter ... Das taktgebundene Tanzen ist der zweite Schritt. Wenn der Kursleiter nicht begleiten muss, tanzt er einfach mit und gibt den Takt vor. Es ist nicht leicht, auf den Takt und auf die Stopps zu achten! Als Unterstützung können wir mitklatschen oder einfach im Takt „ta-ta-ta" singen.

# 3.4 Lerneinheit

## Die Reise zu den Indianern

**Ziel der Lerneinheit**

Diese Unterrichtseinheit soll das bewusste Zuhören, die Hörwahrnehmung fördern. Die Wirkung verschiedener Klänge wird in der Indianergeschichte und im Spiel erlebbar gemacht. Wenn die Kinder die Geschichte (möglichst mit zahlreichen Requisiten) nachspielen, haben sie das Gefühl, dass sie ein kleines Abenteuer erleben. Das regt nicht nur die Kreativität und die Fantasie an, sondern auch den Mut, selbst eine Rolle zu spielen. Die darstellerischen Fähigkeiten werden ausgebaut, das rhythmische Empfinden der Kinder wird geschult.

**Materialtipp**

Bunte Federn, Indianerverkleidung aus der Faschingszeit, Holzstücke (für das „Lagerfeuer"), bunte Tücher, Papier- und Stoffreste, Krepppapier, Perlen, Wolle und möglichst viele Trommeln! Eventuell hat jemand sogar ein kleines Indianerzelt im Kinderzimmer?

**Grundthema**

Wir beginnen mit der Reise in das Indianerland. Pantomimisch und natürlich mit musikalischer Begleitung bereiten wir unsere Reise vor. In unseren Kanus brechen wir auf zu einer Reise ins fiktive Dorf *Hokatoo*, das heißt, dass wir durch einen reißenden Fluss schwimmen, auf Bäume klettern und schließlich sogar durch endlose Wüstentäler wandern müssen ...

Der Kursleiter erzählt die Geschichte vom Indianermädchen „Strahlende Sonne" und dem Indianerjungen „Schlauer Mond" (siehe S. 85). Im Verlauf dieser Geschichte werden wir eine Trommelsprache erlernen und einsetzen, unterschiedliche Rollen annehmen und pantomimisch sowie instrumental Abenteuer erleben.

Der Gesang des Indianerstammes ist unsere erste musikalische Aufgabe: Um die ganz hohen und tiefen Töne kennenzulernen bzw. die musikalischen Parameter „hoch / tief" zu üben, singen wir das Wort „*Hokatoo*" – das ist der charakteristische Ruf unserer Indianer – einmal hoch und dann eine Oktave tiefer. Tempo und Lautstärke können nach Belieben gewählt werden; die drei Silben dazu benutzen, die Oktaven zu wechseln!

K 11
S. 188

**Grafik**

Indianermotive, zum Nachspuren oder auch Ausmalen für die Kinder. Weitere mögliche Motive: Friedenspfeife rauchen, Signal zum Aufbruch, Jagdbefehl, Kochen bzw. Essen, Tanz um das Lagerfeuer usw. ...

## Varianten

**„Hokatoo"**, ein Anschleichspiel: Alles ist ruhig, es läuft keine Musik, wir versuchen alle möglichst lautlos durch den Raum zu schleichen – das ist in unserem Indianerland sehr wichtig. Als Variation können wir bestimmte Bewegungsmuster vereinbaren. Wir können lautlos hopsen, kriechen, über die Tische klettern, wie ein Frosch hüpfen, uns wie eine Schlange winden, Schwimmbewegungen machen usw.

**Indianische Schriftzeichen:** Indianer hinterließen viele Zeichen, als Abdruck im Sand oder in Steine eingeritzt. Wir malen indianische Schriftzeichen, versuchen neue Zeichen zu erfinden, malen sie auf Papierbahnen, auf die Tafel oder basteln Symbolkarten. Ziel dieser Aktivität ist die Weiterentwicklung unserer Indianersprache, für alle Kinder in der Vollendung einheitlich verständlich und eventuell in einer Mitmachgeschichte bzw. auf Kommando des Kursleiters gut umsetzbar.

**Erkundungsgang der kleinen Federn:** Die Gruppe bildet eine lange Schlange, die sich möglichst leise und geschickt durch gedachte Täler und Felsspalten schlängelt, Flüsse durchquert, Felsblöcke überwindet. Wir sollten möglichst von unserer Indianergruppe nichts hören – wenn wir entdeckt werden, kann uns ein feindlicher Indianerstamm angreifen! Diese Gefahr kann vom Kursleiter durch entsprechend lautes Klavierspiel oder intensives Trommeln angekündigt werden. Wir vereinbaren mit der Gruppe, wie wir in dieser Gefahrensituation reagieren.

**Der Klang im Kreis:** Wir sitzen in unserer Lagerfeuerrunde und lassen eine Klangschale wandern, die wir angeschlagen haben. Die Schale bleibt so lange in der Hand des Kindes, bis sie ausklingt, so dass nichts mehr zu hören und zu fühlen ist. Dann kommt das nächste Kind an die Reihe. Diese Übung dient der Konzentration und ist gut als Pausenfüller einzusetzen.

**Fahnenstolz:** In einer recht einfachen Bastelvariante können bunte Federn aus Papier ausgeschnitten und bemalt, beklebt und an Stöcken befestigt werden. Perlen, Stoffstücke, alte Knöpfe, Krepppapier und alle anderen Stoff- und Papierreste schmücken die Fahne eines jeden Indianerstammes. Es bietet sich an, in kleinen Gruppen an der Stammesfahne zu arbeiten.

## Vertiefung

Beim Trommeln hat der Takt eine besondere Bedeutung. Was bedeutet Takt, Taktgefühl? Wir klatschen auf 2, auf 3, auf 4. Die größeren Kinder (eventuell mit Vorkenntnissen) können ihre Notenkenntnisse bereits einbringen. Wir zeichnen Viertelnoten, Achtelnoten und halbe Noten und bewegen uns dazu, klatschen, stampfen, winken – eine erste Percussion-Übung entsteht!

**Musiktheoretische Vertiefung:** Wir lernen u. a. die Orffschen Instrumente kennen und überlegen uns, mit welchen Instrumenten wir einen Takt schlagen können. Es bieten sich die Triangel, Klangstäbe, Trommeln, Kastagnetten und alle anderen Instrumente an. Wir benennen die Instrumente und versuchen gemeinsam laut und leise, schnell und langsam zu schlagen. Ebenso können wir uns um unser imaginäres Lagerfeuer herum musizierend bewegen.

**Ergänzung:** Die Geschichte von „Strahlende Sonne und Schlauer Mond auf dem Weg ins Dorf Hokatoo" (siehe S. 85) wird vorgelesen.

# Mitmachgeschichte

## Strahlende Sonne und Schlauer Mond

Strahlende Sonne und Schlauer Mond waren Geschwister. Auf dem langen Weg in ihr Indianerdorf hatten sie ein wenig gebummelt und schließlich den Vater und die Brüder aus den Augen verloren. Schlauer Mond versuchte seine kleine Schwester zu trösten – sie weinte bitterlich und zitterte am ganzen Leib!

Jetzt galt es, erst einmal die kalte Nacht zu überstehen! Gleich machten sich die beiden Kinder daran, viele große und kleine Holzstücke zu sammeln. Diese schichteten sie in einem kleinen Kreis auf und entzündeten ein Feuer. Eng aneinander gekuschelt schliefen sie im Schein des Feuers ein.

Der Lichtschein der aufgehenden Sonne weckte die Kinder am nächsten Morgen. Schlauer Mond beruhigte seine kleine Schwester Strahlende Sonne, und sie machten sich Hand in Hand auf den Weg nach Hokatoo. Plötzlich hörten sie ein Rascheln – da sprang auch schon ein kleiner Hund aus einem Busch heraus. Er wedelte freudig mit dem Schwanz und lief sogleich neben den beiden Kindern her. So hatten sie einen kleinen Begleiter, den sie streicheln konnten, und der sie auch ein wenig ablenkte. Frohen Mutes sangen sie ihren Indianerruf „Ho-ka-too"...

Viele Stunden später kamen sie in ihrem Heimatdorf an. Freudig und mit großer Erleichterung wurden sie von der Mutter, dem Vater, den Brüdern und allen Stammesmitgliedern begrüßt.

***Trommelsprache!***

Die Heimkehr der Kinder sollte am Abend mit einem großen Fest gefeiert werden. Deshalb holten ein paar der Männer Holz und machten ein mächtiges Feuer. Die Frauen des Stammes bereiteten große Brote zu, stampften Mais und rührten in einem riesigen Suppentopf, der über dem Feuer hing.

Kaum hatte das Fest begonnen, tanzten die Dorfbewohner und sangen dazu „Hokatoo", das Lied des Indianerstammes. Als es Nacht geworden war, sangen und tanzten die Dorfbewohner immer noch. Erst als hinter den Hügeln der Mond aufging, trommelte der Stammesälteste das Ruhe- und Friedenszeichen. Da lagen Strahlende Sonne, Schlauer Mond und all die anderen Kinder von Hokatoo längst in ihren Zelten und schlummerten selig. Schließlich hatten sie einen erlebnisreichen Tag hinter sich.

## 3.5 Lerneinheit
## Frühlingszeit

**Ziel der Lerneinheit**

Der Frühling beflügelt unsere Sinne, verbreitet gute Laune und führt die Gruppe auf unterhaltsame Weise zusammen. Wir wollen das Thema nach der langen Winterszeit mit Euphorie und vielen kreativen Ideen angehen, wollen uns viel bewegen, tanzen und unsere Grob- und Feinmotorik mit Geschicklichkeitsspielen trainieren. Um unserem Anspruch an die musische Bildung nachzukommen, werden wir alle Arten des Trommelns mit einbeziehen. Die geplanten Aktivitäten – Tanz, Bewegung, Trommeln und Spiele – verbessern unser Gefühl für Rhythmus, unsere Konzentrationsfähigkeit und durch das intensive Gruppenerlebnis auch unser Sozialverhalten. Es wartet also eine ausgelassene Unterrichtseinheit auf uns! Anstatt jedoch wild darauf los zu toben, wollen wir dieses eher ausgelassene Spiel mit unserer Gruppe entwickeln und entsprechende Vereinbarungen und disziplinarische Maßnahmen (für den „Fall der Fälle") festlegen. Nicht als Drohung, nur als Fingerzeig ...

**Materialtipp**

Trommeln aller Art, Alltagsgegenstände, die uns zum Trommeln einladen (auch Töpfe, Schüsseln, alte Rührstäbe etc.); den Kindern vorschlagen, dass jeder sich in seiner Lieblings-Frühlings-Farbe kleidet; Frühlings-Deko, die zu Hause nicht mehr benötigt wird ... Bequemes Schuhwerk oder ABS-Socken, damit wir beim Tanzen nicht wegrutschen.

**Grundthema**

Die Frühlingszeit ist eine Wohlfühlzeit! Wir setzen uns mit den Kindern in einen Kreis und sprechen über den Frühling. Wie sieht er aus, wie riecht er? Welche Farben, Blumen oder Aktivitäten verbinden wir mit dem Frühling? Was machen unsere Eltern mit uns am Wochenende? Beginnen wir mit den Gedanken an das Aufwachen am Morgen: Die Vögel zwitschern, die Eltern sind fröhlich, und wie geht es uns? Sind wir wacher, besser gelaunt? Die Einstimmung auf das neue Thema ist wichtig. Wir sollten über Gespräche mit den Kindern in den „Frühlingsmodus" starten ... Dies tun wir, indem wir bewusst tanzen. Wir bilden Paare, kleine Kreise, einen großen Kreis oder eine Schlange, wie bei einer Polonaise. Auch die Wahl der Musik können wir mit den Kindern planen, Wunsch-CDs akzeptieren oder einfach eine anregende Instrumentalvertonung verwenden. Weiter werden wir uns über das Vogelzwitschern und die Laute der unterschiedlichen Vogelarten unterhalten. Abschließend werden wir unsere „aktive" Stunde mit Tanz, Taktgefühl und Taktkenntnis beschließen!

**Grafik**
Wir werden graphisch die halbe Note, die Viertelnote und die Achtelnote erarbeiten. Für sehr junge Kinder ist das mit Hilfe beliebiger graphischer Zeichen möglich, während wir den älteren vielleicht auch schon die gängigen Notenwerte „zumuten können“ ...

## Varianten

**„Zizibe“**: Der Frühling kündigt sich durch Vogelgezwitscher an, das fällt uns besonders am frühen Morgen auf. Wir überlegen uns, welche Vögel wir kennen und welche Geräusche sie von sich geben. Können wir Vogelrufe nachahmen, fallen uns Begleitungen auf den Instrumenten ein? Die Sitzrunde wird zum Erfahrungsaustausch. Die Instrumente werden nur eingesetzt, wenn die Kinder ihre Hörerfahrungen verdeutlichen wollen.

**Frühjahrstanz:** Unsere gute Laune, die vielen Ideen, die wir mit der neuen Jahreszeit verbinden, wollen wir in Bewegung und Tanz umsetzen. Dies muss vorbereitet werden. Wir schulen unseren Balancesinn durch kleine Geschicklichkeitsübungen, die uns auch im Alltag eine Hilfe sind. Wir balancieren: Wer kann möglichst lange auf einem Bein stehen? Wer kann am Boden sitzen, ohne dass Hände und Füße den Boden berühren? An diesem Punkt fallen den Kindern in der Gruppe mit Sicherheit unzählige Varianten ein. Es empfiehlt sich, eine lustige, nicht zu laute Musik zur Untermalung des Tanzes einzuplanen.

**Tanzen wie die Großen:** Zur Einstimmung bilden wir Paare und tanzen zu zweit. Als erste Variante „wachsen“ wir an den Händen, einem Fuß, dem Rücken zusammen und müssen uns als Einheit zur Musik bewegen. Im zweiten Schritt bilden die Kinder zuerst Zweier-, dann Viererkreise, als Abschluss eine lange Schlange – das bewusste Einordnen in eine festgelegte Gruppe ist das Ziel! Auch hier ist die Wahl der Begleitmusik beliebig. Wir sollten nur darauf achten, dass den Kindern die Musik gefällt, sie nicht zu langsam ist und gute Laune verbreitet. Selbstverständlich können Tanzbefehle im Hinblick auf die Gruppenformationen vereinbart werden, das fördert die Disziplin.

## Vertiefung

**Vertiefungsübung:** Der Frühling ist bunt, wir bewegen uns wieder mehr, sind an der frischen Luft. Wir bilden Gruppen und gestalten mit Federn, Krepppapier, Wolle und Geschenkbändern Fantasieblumen. Nach unserer Bastelei präsentieren wir unsere Werke und versuchen in der Gruppe, den Charakter der jeweiligen Blume einzuschätzen, die Gefühle, die damit einhergehen. Dann suchen wir das passende Instrument. Die Aktivität lebt von der Gestaltung der Blumen (eine Gruppe gestaltet eine Blume von ca. 30 cm Größe). Dazu wird Zeit benötigt, eventuell festeres Material (Pappe, Styropor), und der Kursleiter muss bei jüngeren Kindern immer wieder mit anpacken. Wir regen die Fantasie der Kinder an und fordern ihre motorischen Fähigkeiten. Diese Bastelei kann natürlich auch schon ins Freie verlegt werden!

**Musiktheoretische Vertiefung:** Wir wollen den Frühling genießen und uns bewegen, tanzen und toben. Damit diese Übung nicht außer Kontrolle gerät, führen wir verschiedene Noten (für die Kinder noch „Schrittwerte") ein, die uns die neuen taktgebundenen Möglichkeiten der Bewegung aufzeigen. Wir verwenden eine Hintergrundmusik mit klarer Taktstruktur. Noch besser ist es, wenn der Kursleiter den jeweiligen Takt mit dem Klavier, einem Glockenspiel oder einfachen Rhythmusinstrumenten vorgibt. Wir bewegen uns „auf Zwei" im Kreis, in einer Schlange, wir stampfen, klatschen, nicken und finden noch weitere Möglichkeiten, den Takt zu spüren. Im nächsten Schritt bewegen wir uns „auf Vier". Wir rufen dazu „Eins, Zwei, Drei, Vier" und versuchen immer bei „Eins" besonders laut zu rufen oder aufzustampfen. Ein synchrones Taktspiel stellt sich ein. Viertelnoten werden mit einem Schritt umgesetzt, die Achtelnote ist ein schnelleres Schrittchen, die halbe Note ist ein langsamerer, ruhiger Schritt. Der Kursleiter zeichnet die drei Notenwerte auf der Tafel auf, und die Gruppe versucht, die erwähnten Taktvarianten bzw. die drei Notenwerte mit Schritten, Klatschern, Stampfern, Winken zu vermitteln.

# 3.6 Lerneinheit
## Die Tulpe

**Ziel der Lerneinheit**
Die heutige Stunde steht unter dem Vorzeichen der Konzentration, Körperbeherrschung in einer ruhigen Umgebung und des Erlebens der eigenen Atmung! Dies erarbeiten wir uns, indem wir das Aufblühen einer Blume nacherleben, verschiedene Farben ebenso wahrnehmen wie unsere körperliche Interpretation. Die Empfindungen verstärken wir durch bewusstes Atmen – am besten an der frischen Luft! Die notwendige Körperbeherrschung fällt ruhigen Kindern, die sich gut konzentrieren können, eher leicht. Diejenigen, denen ruhige gesteuerte Bewegungen eher schwer fallen, sehen sich in dieser Einheit eher gefordert. Wir machen diese Lerneinheit also mit „reiferen" Kindern, um niemanden zu überfordern!

**Materialtipp:**
Für jedes Kind ein Badetuch, eine Gymnastik- oder Yogamatte; eventuell ein kleiner Glücksbringer oder sogar ein Kuscheltier (wir benötigen ja Zuschauer ...), eine Klangschale oder Qi-Gong-Kugeln, eine Triangel – wohltuende Klänge helfen, Ruhe in unsere Bewegungen zu bringen; bunte Chiffontücher oder Krepppapier.

**Grundthema:**
Die Tulpe ist eine der Frühjahrsblumen, die es in vielen Farben gibt. Wir beginnen mit einer Erzählrunde. Wer von den Kindern hat schon Tulpen gesehen? In welchen Farben? Welche Blumen kennen wir sonst noch? Wir versuchen, das Wachsen und Verblühen der Blume nach der Blüte körperlich auszudrücken; erst kauern wir ganz klein am Boden; ganz langsam richten wir uns auf; am Schluss stehen wir gestreckt und aufrecht – lachen mit der Sonne am Himmel um die Wette! Wir atmen tief durch! Doch ganz langsam beginnen unsere Blätter zu welken: Wir werden ganz, ganz langsam wieder kleiner, bis wir erschöpft und verblüht am Boden liegen ... Diese körperliche Übung erfordert volle Konzentration. Sollte die Gruppe am Anfang noch unruhig sein, setzen wir die Klangschale ein. Zum Abschluss legen wir den Fokus auf unsere Atmung. Atmen, Sprechen, Summen und Singen gehören zu den elementaren Fertigkeiten unserer Kinder und sind die Grundlage für unzählige weitere Übungen. Viele dieser Übungen dienen dazu, die sprachlichen Anlagen sowie die Stimme zu entwickeln und zu optimieren (dazu gibt es auch Vorschläge in den Varianten, Anfangs- und Schlussritualen).

**Grafik**
Wir zeichnen unsere Lieblingsblume ...

## Varianten

**Diese Tulpe ist ein Gedicht!**

*Oh Tulpe, du Schöne, noch können wir dich nicht sehen.*
*Kein Wunder, du ruhst ja noch in der Erde.*
*Was wohl aus dir werde?*
*Der Frühling kommt, die Sonne sticht, so langsam ändert sich das Tageslicht ...*
*Du wächst und streckst dich aus dem Boden heraus.*
*Mehr und mehr, immer größer und größer.*
*Der Regen und die Strahlen der Sonne lassen dich wachsen.*
*Erblühen wirst du in den Farben Rot, Weiß, Orange und Gelb.*
*Die Bienen und Vögel sind erwacht, was für eine Macht – die der Natur!*

Diese Gedichtvorlage ist unser kleines Drehbuch. Solange der Kursleiter dieses Gedicht vorliest, stellen die Kurskinder die kleine Tulpe körperlich dar. Kleiner Tipp: Es müssen nicht alle Kinder die gleiche Rolle spielen. Unter Umständen können in großen Gruppen auch Kinder Bienen, Vögel, die Sonnenstrahlen spielen oder mit Instrumenten den Regen nachahmen ...

**Die Natur atmen:** Wir gehen hinaus ins Freie, wo wir einen Kreis bilden und die Frühlingsluft aktiv einatmen. Wenn Matten vorhanden sind, legen wir uns auf den Boden und platzieren Ringe oder andere Gegenstände auf unseren Bäuchen. Wir atmen ein und aus: Die Gegenstände auf unseren Bäuchen heben und senken sich ... Natürlich können wir auch drinnen bleiben, die Fenster öffnen und im Raum stehend atmen!

**Vielfalt der Farben:** Wir bilden wieder einen Kreis, und jedes Kind sucht sich eine Farbe für die darzustellende Blume aus. Dieses Tuch oder Papier verbergen wir in unseren Händen. Der Kreis bewegt sich wieder recht langsam und kontrolliert auf die Mitte zu, gerne mit ruhiger musikalischer Untermalung, und alle Kinder öffnen möglichst gleichzeitig und langsam die Hände. Die Arme gehen ebenso synchron immer ein Stück höher – es öffnet sich langsam eine bunte reizvolle Blüte mitten im Raum! Diese kurze Übung eignet sich als farbenfroher Abschluss einer Vorführung.

## Vertiefung

**Vertiefungsübung – Bienenkonzert:** Diese Lerneinheit ist durch Entspannungs-, Körperwahrnehmungsübungen und Atemtechniken geprägt. Wir sind eine Gruppe und ahmen jetzt ein kleines Bienenvolk nach mit dem Ziel, eine ausgleichende Atemtechnik für unseren Körper zu entdecken. Das gemeinschaftliche Summen soll uns ein vibrierendes, wärmendes Bauchgefühl vermitteln. Dazu setzen wir uns möglichst aufrecht in unseren Teppichkreis und erzeugen einen summenden Ton. Das eigene Summen lässt uns innerlich leicht vibrieren, im Kopf, im Hals, im Bauch. Diesen Ton aufrechtzuerhalten ist schwer; dazu benötigen wir Konzentration, eine aufrechte Haltung und eine gehörige Portion Selbstwahrnehmung. In der Gruppe „gesummt", entsteht ein großes Bienenvolk!

**Musiktheoretische Vertiefung:** Passend zu unserem Kapitel versuchen wir Instrumente zu finden, die langanhaltende beruhigende Klänge erzeugen. Natürlich hängt es bei vielen Holz- oder Blechinstrumenten auch von der Art des Anschlagens ab: Vorsichtig angeschlagen erzeugt z. B. ein Becken einen langen, durchaus angenehmen Klang. Stark angeschlagen ist der Klang wenig entspannend, eher intensiv. Wenn entsprechende Instrumente nicht vorhanden sind, können auch klassische Musikstücke, ruhige Lieder oder CDs mit Naturklängen (im Handel erhältlich und bei den meisten Musikpädagogen vorhanden) verwendet werden. Ziel ist heute nicht das Erkennen der Taktgebundenheit. Wir wollen die Atmosphäre im Raum aufnehmen, nochmals atmen, vielleicht mit unseren Kuscheltieren auf der Matte schmusen, uns recken und strecken und die Musik emotional erfassen. Als Abschluss könnten wir durchaus auch die Eltern für fünf Minuten dazubitten. Es ist sicherlich ein gelungener Ausklang, wenn man es sich als „kleine Auszeit vom Alltag" mit dem eigenen Kind gemütlich macht und ebenfalls einmal ruhig „durchatmet"!

# 4. Kapitel: Motorik

## Anspannen und Entspannen

Pädagogen und Eltern träumen von konzentrierten, aufmerksamen und höflichen Kindern. Kinder, die uns zuhören, unsere Anweisungen verstehen, sich bemühen und mit den anderen Gruppenmitgliedern respektvoll und ruhig umgehen. Die Realität sieht leider anders aus. Nicht, dass es solche Kinder nicht mehr gäbe – allerdings haben wir in jeder Gruppe einige „Quertreiber", welche die übrigen Kurskinder ablenken, die Stimmung negativ aufheizen und das jeweilige Unterrichtziel in weite Ferne rücken lassen.

Wir müssen einige Schritte zurückgehen. Das mediale Umfeld unserer Kinder ist bei weitem komplexer als in früheren Zeiten. Das beginnt zu Hause mit einem vielfältigen Unterhaltungsangebot und wird natürlich in den Kindertagesstätten und Schulen noch angereichert. Am Beispiel unserer Grundschulkinder lässt sich das leicht aufzeigen. Die Kleinen haben nicht mehr – wie früher – nur ein Heft und ein Buch für jedes Fach. Schon in diesem klassischen Bereich haben wir pro Fach mehrere Bücher, Arbeitsbücher, eine Begleit-CD und verschiedene Hefte. Diese Vielfalt an Schulmaterial wird privat durch die Menge an Informationsmedien und Kommunikationstechniken noch einmal erweitert. Lernprogramme, Computerspiele, das eigene Handy – dies alles kostet Zeit, lässt den Kopf nicht ruhen und bringt unseren Kindern und Schülern keine Entspannung, selbst wenn sie das Gegenteil behaupten.

Die Gestaltung der freien Zeit scheint auch schwieriger geworden zu sein. In früheren Jahren hatte man nicht die Freizeitvielfalt. Kaum waren die Hausaufgaben gemacht, war man „draußen". Ganz profan und ohne vorgegebene Ziele, ohne pädagogischen Hintergrund und – vor allen Dingen – ohne zeitliche Beschränkung der Eltern. Bewegung im Freien, ohne große Kontrolle und Zeitplan. Das ist heute im häuslichen und schulischen Alltag in vielen Familien unvorstellbar. Die Zeit, die man auf der Straße oder in der Natur verbrachte, war Entspannung. Wer sich draußen austobt, kann am Schreibtisch wieder Leistung erbringen. Der Zusammenhang von ausreichender Bewegung und gutem Lernvermögen ist mittlerweile wissenschaftlich belegt.

Es ist aber leider überwiegend so, dass jedes Schulkind einen straff durchorganisierten Zeitplan hat, der die knappe Zeit nach der Schule in Einheiten aus Sport, Nachhilfe und Musik und Tanz regelt – was für ein Stress! Regelmäßig kurz vor den Ferien haben die Schüler dann ihren „Burn-out", verweigern jegliche guten Ratschläge, haben Bauchweh, Migräne, und schließlich müssen die ach so teuren Aktivitäten abgesagt werden.

Ist das unser Ernst? Warum ist das so, und sind wir uns nicht bewusst, dass die Entspannung – und zwar nach der täglichen „Lernarbeit“ – eine wichtige Voraussetzung darstellt für ein inneres Gleichgewicht und einen klaren Kopf?

Ebenso ist eine ausgeglichene Stimmung in einer Gruppe (Schule oder Freizeitkurs) eine Grundvoraussetzung für die Motivation der Schüler und ein gutes Klima. Letztlich hängen das Gelingen einer Lern- oder Unterrichtseinheit und der aggressionsarme Umgang unter den Schülern entscheidend von den genannten Rahmenbedingungen ab, und diese erleichtern uns die Ausführung der Arbeitsaufträge, das Lernen und das bewusste Erleben der Lernsituationen. Ein positives Ergebnis könnte sein, dass gerne gelernt wird, reale Probleme besser bewältigt, Ängste und Stress abgebaut werden und ein gutes Gefühl bleibt. Das wäre dann die beste Motivation weiterzulernen ... Wenn wir etwas getan haben, das uns ein gutes Bauchgefühl vermittelt – ja dann tun wir es gerne wieder, und wieder und immer wieder ...

Weg von der Theorie, hinein in die Praxis unserer Lerneinheiten. Alle genannten Themen in unserem Praxisbuch wurden über Jahre unterrichtet, teilweise auch immer wieder umbenannt – eines ist jedoch geblieben: der Grundgedanke der Motivation.

Viele unserer Lerneinheiten kann man unter der Klammer „Musik, Bewegung und Tanz“ zusammenfassen. Gruppen lassen sich am besten motivieren, wenn die Vermittlung von Wissen unterhaltsam und ENTSPANNEND vonstatten geht und es den Pädagogen gelingt, die Lust auf Bewegung und emotionale Reize zu wecken. Natürlich müssen auch fachliche Inhalte einbezogen werden. Für die Lehrkräfte ein Seiltanz – für die Kinder in einer Zeit der Medienvielfalt und Medienüberreizung die wahrscheinlich einzige Möglichkeit, gerne zu lernen. Wenn unsere Kinder den täglichen Ausgleich zwischen Lern- und Auszeit nicht mehr haben, müssen die Förder- und Freizeitangebote explizit darauf abgestimmt sein, so dass innerhalb der Einheiten ein Kontext zwischen gezielter Anforderung und geplanter Entspannung gegeben ist. Das ist unser Credo. Wir möchten in jeder Lerneinheit in diesem Praxisbuch alle Sinne ansprechen, unsere Aktivitäten über alle unsere Sinneskanäle erschließen und – vor allen Dingen – den Spaß am jeweiligen Thema nicht zu kurz kommen lassen!

An diesem Punkt sollten wir konkret werden. Neben der Vielfalt in unseren Lerneinheiten und dem Spagat zwischen fachlichen Inhalten und unterhaltsamen Aktivitäten gibt es unzählige, kreative Auszeiten für unsere Kursteilnehmer. Wir kennen Entspannungsreisen, Traumgeschichten, Mitmach- oder Bewegungsgeschichten. Jedes dieser Entspannungsangebote kann mit Rücken- oder Partnermassagen und anderen kreativen Aktivitäten – wie z. B. Malen und Kneten – kombiniert werden. Zugegebenermaßen erfordert dies einen gewissen Vorbereitungsaufwand für den Kursleiter, garantiert ihm jedoch den Lernerfolg durch die praktische Vertiefung des Themas. Alles, was wir spüren, prägt sich ein.

*Das* ***Beispiel von Melinda*** *führt uns den Wechsel zwischen Anforderung und Spaß, Anspannung und Entspannung vor Augen. Melinda, eine für ihr Alter groß gewachsene Zweitklässlerin, musste gerade eine Klasse wiederholen. Stets kam sie unkonzentriert, müde und gestresst bei uns an. Anforderungen in der Gruppe oder kleine Hausaufgaben wurden nie erledigt. Mit der Zeit erfuhren wir, dass das Kind weder einen Platz noch die Ruhe hatte, in der elterlichen Wohnung etwas zu erledigen, an ein Abschalten war also überhaupt nicht zu denken. Die Mutter erzählte uns auf Nachfrage ganz offensiv, dass fünf Personen in zwei Zimmern lebten, was bedeutete, dass es den älteren Kindern ganz ähnlich erging.*

*Wir versuchten daraufhin, Melinda früher zu uns einzuladen, bzw. die Mutter dazu zu bewegen, dass das Kind etwas länger blieb. Wir hofften, dass Melinda dadurch etwas mehr Freiraum für sich finden könnte. Es hat nicht funktioniert. Melinda ging täglich in die Kindertagesstätte, später in die Schule. Zu Hause gab es für das Kind kein Verständnis. Die schulische Laufbahn konnten wir nur bis zur Wiederholung der zweiten Klasse beobachten. In dieser Zeit wurde jedoch ein Phänomen immer klarer: Melinda hatte sich eine innere Festung gebaut, für das Kind offenbar die einzige Möglichkeit, zwischen der anstrengenden Ganztagesbetreuung und der „lauten" Familie einigermaßen zu bestehen. Leider war dieser Weg nicht von Erfolg gekrönt. Melinda hat noch zwei Klassen wiederholt, kaum Lernruhe und Zeit zum Durchatmen gefunden und wird sich auch in Zukunft schwertun. Die so wichtige Abwechslung zwischen Anforderungen und Konzentration einerseits und Loslassen und Entspannen andererseits hat sie bis heute nicht kennengelernt. Ist auch schwer, wenn fünf Personen in zwei Zimmern leben und den ganzen Tag der Fernseher oder PC läuft.*

Es muss nicht immer so erfolglos enden. In der Regel nehmen unsere Kinder und Eltern Anforderungen und neue Themen ernst, bemühen sich und haben Spaß an der Umsetzung. Im Gegenzug bekommen sie Mal- und Bastelangebote, lernen Entspannungsreisen und andere „Chill"-Aktivitäten kennen, um im neuen Schülerdeutsch zu sprechen. Sie bemerken, dass es gut tut nach der „Arbeit" etwas Neues auszuprobieren und versuchen, neue Methoden auch zu Hause auszutesten. An dieser Stelle muss man dem Großteil der Eltern ein dickes Lob aussprechen!

Als Inspiration fügen wir hier eine Entspannungsreise ein – sie kann beliebig verändert und erweitert werden, der Phantasie sind also keine Grenzen gesetzt. Die **Geschichte vom Wolkenvogel** entspannt die Kinder, hilft ihnen, Kraft zu tanken, ruhig zu werden und sich somit auf die nächste Anforderung vorzubereiten.

*Der Wolkenvogel fliegt von Blume zu Blume, von Baum zu Baum. Auch das Schweben von Baumwipfel zu Baumwipfel gelingt ihm mühelos, und sieh nur, er ist schon so weit vom Boden entfernt! Wir jedoch liegen auf dem moosigen, weichen und gut riechenden Waldboden und schauen uns den Flug des Wolkenvogels von ganz unten an. Unser Wolkenvogel liebt die Farben des Waldes, die Gerüche, und er steigt immer höher. Mal schwingt er mitten hinein in die Sonnenstrahlen, mal in den Regen, mal ist er hell und manchmal auch recht dunkel, und manchmal nimmt er uns sogar mit.*

*Wir kreisen immer höher durch das Grün des Waldes, durch das Blau des Himmels in die weißen Wattebauschwolken hinein. Wir fühlen uns ganz frei, atmen tief durch. Das Blau und das Weiß des Himmels beruhigt uns. Bald schwingen wir grenzenlos hin und her und folgen unserem Wolkenvogel, der wieder zurückkehrt. Wir sinken, sehen von weitem die tiefgrünen Baumspitzen, schweben hindurch, sehen den Waldboden und landen ganz sanft. Unser Wolkenvogel hat uns wieder zurückgebracht, nickt uns zu und schwebt davon.*

*Wir verabschieden uns von ihm, spüren unseren Bauch, unsere Beine, die Arme, das Gesicht – recken und strecken uns und öffnen die Augen. Atmen ganz tief ein und aus. Wir sind wieder da, zurückgekehrt von unserer wundervollen Fantasiereise.*

Bücher, Kurzgeschichten und Entspannungsreisen sind hervorragende Möglichkeiten, um Kinder auf andere Ideen zu bringen. Sie können loslassen, lernen neue Sachverhalte und Reaktionsmöglichkeiten kennen – die sogenannte „Literacy-Erziehung", die heute in vielen Bildungsplänen für Kindertageseinrichtung verankert ist.

Anzumerken wäre allerdings, dass es in jeder Gruppe die notorischen Buch- und Geschichten-Verweigerer gibt – realistisch gesehen ist dies auch nicht zu ändern. Für diese Kinder sollten wir andere Möglichkeiten finden, die sowohl in der Gruppe als auch zu Hause angewendet werden können, Spaß bereiten und Konzentration auf neue Themen gewährleisten. Wir können basteln, kneten, mit Holz oder Filz arbeiten oder auch kochen. Wichtig sind das gemeinsame Ziel und die kreative Umsetzung in der Gruppe! Eine neue Aktivität bedeutet immer dann Entspannung, wenn man während der Umsetzung keinen Gedanken an die alltäglichen Anforderungen verschwendet!

**Ole:** *unser kleiner Störenfried. Die Mutter hatte ihn bei uns angemeldet mit der Diagnose ADHS. Medikamentiert werden sollte er nicht, verständlicherweise, denn den meisten Eltern ist das Risiko der Nebenwirkungen suspekt. Die Integration in unsere kleinen Gruppen schlug fehl. Am Anfang war er laut, störend und wir mussten ihn vehement maßregeln. Mit der Zeit wurde der Junge ruhiger, aber die schulischen Leistungen schwankten nach Aussagen der Mutter immer noch stark. Mal ging eine Woche ohne Einträge einher, und Ole schien Freunde zu finden. In der Folgewoche jedoch kam Ole jeden Tag mit einem Eintrag nach Hause, musste seitenlange Strafarbeiten bewältigen, machte sich unbeliebt und war natürlich auch im heimischen Umfeld entsprechend schwer „zu haben". Was tun? Der nächste Schritt war eine Einzel-Lerntherapie. Auch hier war seine Tagesform stark unterschiedlich. Natürlich fragten sich die Eltern immer wieder: Sollte man den Jungen eventuell doch mit Medikamenten behandeln? Dann half uns allerdings ein Detail aus der Familiengeschichte weiter, denn eines Tages erfuhren wir, dass auch der Papa von Ole an ADHS litt und auch noch als Erwachsener Medikamente nehmen musste. Die weitere Vorgehensweise war nun eine Abwägungssache. Sollten wir den Weg des Vaters befürworten, der das Kind medikamentös behandeln lassen möchte? Oder sollten wir den steinigen Weg wählen und ihn die Mühen des Alltags zwar ohne Medikamente, dafür jedoch mit viel Verständnis und therapeutischen Bemühungen bewältigen lassen? Hierauf haben wir noch keine Antwort gefunden.*

**Mirco:** *ein durchaus intelligenter Junge mit einer überaus besorgten Mama und einem hart arbeitenden Papa. Leider hatte der Junge keine Lust auf Lernen oder Anstrengung. Es war ihm wichtig, dass ihm sein Papa das Handy, den Laptop und sonstige wichtige Dinge finanzierte. Sein Papa wollte natürlich Leistung und Anstrengungsbereitschaft in der Schule sehen. Die zeigte der Junge (im Rückblick gesehen) dann auch immer kurz vor „großen Wünschen". Dann stand die Mutter auch wieder hinter ihm, nahm ihren Sohn in Schutz, und das Objekt der Begierde (Handy, PC, Spiele usw.) wurde gekauft. Besonders geschickt war, dass die Mama nur schlecht Deutsch sprach und sich somit der Raffinesse des Sohnes auch nicht entziehen konnte. Das ließ sich an der Leistungskurve des Sohnes schnell erkennen: Wenn er eine gute Note hatte, konnten wir davon ausgehen, dass die nächste wieder schlecht ausfiel. Es lag mit Sicherheit nicht daran, dass der Junge etwas nicht verstanden hatte. Es war mehr oder weniger die Entspannung nach dem großen Lernstress, den er einging, um ein bestimmtes Konsumgut zu bekommen. Wie reagiert man darauf? Das war natürlich die große Frage. Letztlich wurde ein „Arbeitsvertrag" geschlossen. Der Junge, die Mutter und der Kursleiter mussten jeweils nach getaner Leistung unterschreiben, Tag für Tag. Und mit der Zeit wurde Mircos Leistung stetiger und somit auch beständig besser. Bleibt zu überlegen, ob wir manche Kinder tatsächlich nur durch eine solch engmaschige Führung motivieren können …*

# 4.1 Lerneinheit
## Tierisch lustig!

**Ziel der Lerneinheit**

Wer sich nicht anspannen und konzentrieren kann, der kann sich auch nicht entspannen und loslassen – ist das wahr oder eine Binsenweisheit? Hier halten wir die Anforderungen auf einem eher einfachen Niveau, beziehen Kuscheltiere oder Glücksbringer ein und erlauben so den ganz jungen Kindern bzw. Kindern, die das erste Mal bei uns sind, einen leichten Einstieg. Dennoch ist es wichtig, Struktur in die Stunde bringen, den Unterschied zwischen Bewegung und ruhigen Entspannungsrunden und, vor allem zu Beginn, das Kennenlernen, die Bedeutung der Gespräche in der Gruppe bewusst zu machen. Sehr jungen Kindern, die den Schulalltag mit all seinen Einschränkungen und Rahmenbedingungen noch nicht kennengelernt haben, sind diese Gruppenstrukturen noch fremd, weshalb sie die Auswirkung der eigenen Unruhe auf die Gruppe nicht einschätzen können. Also lernen die Kinder – auch als Vorbereitung auf die Schule – den Unterschied zwischen Aktivität und Pause, zwischen Anspannung und Entspannung und somit zwischen Konzentration und Loslassen. Sollte uns das gelingen, entlassen wir, nach viel Übung und Festigung, lernfähige und lernbereite Kinder in den Alltag!

**Materialtipp**

Kuscheltiere, Lieblingsspielzeug, sehr bequeme Kleidung, für jedes Kind ein Handtuch oder eine Gymnastikmatte, leichte Bälle, Reifen, Ringe ..., eine Klangschale oder eine Triangel, ein Becken oder ein Glockenspiel, Malsachen

**Grundthema**

Wir stellen uns heute im Kreis auf und begrüßen uns singend, flüsternd, laut, leise und in allen anderen Stimmlagen bzw. mit Tierlauten, die uns einfallen. Jedes Kind erzählt im Anschluss etwas über sein Lieblingsspielzeugtier, sein Lieblingskuscheltier, vielleicht auch über Sendungen, die von Tieren handeln und in der Familie gerne gesehen werden. Das eigene Kuscheltier, etwas Vertrautes, dabeizuhaben vermittelt Sicherheit. Dann überlegen wir uns charakteristische Tiere und versuchen deren Bewegungen nachzuahmen. Die Runde kann diesen Einstieg auch in Form eines Ratespieles machen: Die Kinder überlegen sich jeweils eine Bewegungsart, und die anderen Kinder müssen raten. Also tapsen beispielsweise Bären, trippeln Mäuschen, summen Fliegen oder Bienen, galoppieren Pferde, rennen Hunde, schleichen Katzen usw., und am Ende wird auf Zuruf eine Bewegungsart abgerufen! Im weiteren Verlauf malen wir unsere Tiere (Tafel, Papierbahn, auf einem Blatt) und überlegen uns, welche Kinderlieder von Tieren handeln. Abschließend begleiten wir unseren Tiertanz instrumental, wobei wir den Wechsel von einer Bewegungsart zur nächsten mit einem Becken- oder Glockenschlag einläuten ...

**Grafik**
Welches Tier siehst du hier? Wir malen, präsentieren und raten!

## Varianten

**Welches Tier bist du denn?** Kinder sollten lernen, sich bewusst zu bewegen und ihren Körper wahrzunehmen. Dies ist nur möglich, wenn sie die Grenzen des eigenen Körpers kennenlernen, wenn sie die Grenzen der Beweglichkeit, des Machbaren, aber auch Risiken im Raum einschätzen können. Wiederholte Bewegungen werden verinnerlicht, das Körpergefühl und die eigene Einschätzung verbessert. Um dieses Ziel zu erreichen, animieren wir unsere Kursmitglieder dazu, die verschiedenen Bewegungsmuster der erdachten Tiere auszuprobieren, mit musikalischer Untermalung ein unterhaltsamer Spaß – ein freies „Tiertanzen"!

**... und wie hört es sich an?** Wenn wir Bewegung und Sprache kombinieren, können wir die Sprachfähigkeit und die Verknüpfung der Sinne fördern. Die Kreativität der Kinder wird angeregt und die kinästhetische Wahrnehmung gefördert. Auch Kinder, die eher bewegungsscheu sind, vergessen ihre eigenen Hürden und spielen mit, indem sie bellende Hunde darstellen, miauende Katzen, piepsende Mäuschen usw.

**Wie viele Füße haben wir?** Man kann sich auf zwei, auf vier, vielleicht auch auf drei Beinen fortbewegen. Wir können Hände und Füße nutzen, eine Hand und zwei Füße, den Po und die Hände ... Probieren wir es aus. Wer erfindet die kreativste Fortbewegungsmöglichkeit?

**Balancieren wie ein Storch!** Es gibt große Vögel: Störche, Flamingos oder Pelikane, die eine Eigenart gemein haben: sie können ihren eher hohen Körper perfekt im Gleichgewicht halten, sogar auf einem Bein! Wir legen Bänder oder Schnüre aus und versuchen, uns darauf ganz ruhig zu halten. Dann stehen wir auf einem Bein, hüpfen vielleicht ein Stück oder machen andere Gleichgewichtsübungen (z. B. auch mit einem Gegenstand auf dem Kopf). Wer nicht weiß, wie diese Tiere aussehen: eine kurze Gesprächsrunde oder mitgebrachte Tierbücher klären auf!

## Vertiefung

**Vertiefungsübung**
Wenn wir tanzen, ist das eine Mischung zwischen Spiel, Darstellung und Kunst. Unsere Bewegungen werden in der Regel an die Musik angepasst und somit auch als musikalisch untermalte Tanzimprovisation festgelegt. Neben konventionellen Tanzformen, die wir in dieser Lerneinheit nicht näher vertiefen wollen (Polonaise usw.), gibt es auch unkonventionelle Tänze, die mit kleineren Kindern gut umzusetzen sind. In diesem Sinne lernen wir einen Katzentanz. Dazu müssen wir Bewegungen festlegen und einüben, die den natürlichen Bewegungsdrang der Kinder in Bahnen lenken. Auch innerhalb dieser Tanzeinheit muss das Ruhen der Katze, das Recken und Strecken, langsame Bewegen und das Schleichen geprobt ebenso werden wie das Fauchen, der Angriff und das Fangen der Maus. Nach einer kurzen Ruhepause (Augen zu und atmen!) machen wir einen Katzenbuckel, halten ihn und rollen uns dann erneut zusammen (wieder Augen zu und atmen!). Katzenkostüme und ruhige Musik sind natürlich wieder erwünscht und geeignet für eine kleine Darbietung am Elternabend oder am Ende einer Stunde.

**Musiktheoretische Vertiefung:** Den Einsatz von Musikinstrumenten haben wir bisher vermieden, da der Wechsel zwischen Ruhe und Aktivität im Vordergrund stand. Nun wollen wir in diesen Kontext unsere Instrumente einbauen. Ein Glockenspiel, ein Becken oder eine Klangschale sollen uns den Einsatz geben. Wenn wir die vereinbarten Klänge hören, beginnen wir, mit „Tierbewegungen" zu tanzen und Tierlaute zu erzeugen. Sobald wir den vereinbarten Stopp-Klang hören, begeben wir uns unmittelbar zu unserer Entspannungsmatte, legen uns auf den Rücken, schließen die Augen und atmen tief durch. Diese Start-/Stopp-Befehle können natürlich auch die Kinder „komponieren" und durchführen, dann muss der Kursleiter einfach „mitspielen"!

## 4.2 Lerneinheit

### Manege frei!

**Ziel der Lerneinheit**

Heute dreht sich alles um das Thema Zirkus! Welches Kind war schon in einer Zirkusvorstellung, an welche Darbietungen können wir uns erinnern? Im Kreis von Tigern und Löwen, Artisten und Clowns, Tänzern und Schlangenmenschen tauschen wir uns aus, planen Rollen für unsere Aufführungen und überlegen, was wir dazu benötigen. Indem wir uns einige Tiere und Bewegungsmuster herausgreifen, stellen wir die grob- und feinmotorische Entwicklung unserer Kursmitglieder, die Raumwahrnehmung und den Mut, etwas darzustellen, in den Vordergrund! Sich vor der Gruppe in einer Rolle zu präsentieren erfordert Selbstbewusstsein. Sich gleichzeitig zu bewegen, zu sprechen und zu spielen, unter den Augen der Öffentlichkeit eine Rolle darzustellen und sich für den Beifall zu bedanken, bedeutet eine noch größere Herausforderung, der sich die Kinder allerdings auch später etwa als Klassensprecher oder im Beruf stellen müssen. Daran wollen wir jetzt schon arbeiten!

**Materialtipp**

Tierkostüme, Seile oder Bänder zum Begrenzen der Manege, Tücher jeglicher Art, um die Manege zu schmücken. Glockenspiele, Kastagnetten oder Schellen, um die

Vorführungen zu begleiten. Außerdem alle zur Verfügung stehenden Elementarinstrumente. Deko-Gegenstände, welche die Kinder mitbringen oder die Eltern beisteuern. Das Thema Zirkus sollte möglichst kreativ angegangen werden. Somit sind auch alle erdenklichen Requisiten willkommen.

**Grundthema**
Wir bauen mit unseren Requisiten eine möglichst farbenfrohe Manege auf. Durch „Zublinzeln" teilen wir die Kinder in kleine Gruppen auf (max. 4 Kinder) und beginnen sogleich mit der Vorbereitung unserer Vorführungen. Der Fantasie sind keine Grenzen gesetzt, wichtig ist jedoch, dass die verfügbaren Requisiten und Instrumente mit einbezogen werden. Der Kursleiter legt Rahmenbedingungen fest, teilt Hilfsmittel ein, gibt Tipps und begleitet das Ganze instrumental. Aus unserer Erfahrung ist es zur Orientierung der Kinder sinnvoll, wenn alles, was wir zusammentragen, auf einem großen Tuch drapiert wird. In der Übung ist unsere Zirkusstation der Ort der kleinen Darsteller; hier wird geplant, geprobt, sortiert und vorbereitet ...

**Grafik**
Ein Zirkuszelt von oben sieht aus wie ein Regenschirm in allen erdenklichen Farben: Wir malen unser Zelt in unseren Lieblingsfarben aus!

## Varianten

**Entspannen vor dem Auftritt!** Wir versuchen, möglichst frei und lustig zu tanzen, also wie ein Clown. Zu einer frei gewählten Begleitmusik wollen wir singen, lustige Geräusche und Grimassen machen! Wer traut sich? Tanzspiele im Allgemeinen, wie auch unser Tanz vor dem Auftritt, lockern den Körper, lassen die Hemmschwelle sinken und stärken das Selbstbewusstsein. Nach der wilden Hüpferei legen wir uns auf den Boden, rollen uns zusammen, strecken uns und atmen tief durch. Ruhe macht sich breit.

**Jetzt ist es Zeit anzuspannen ...**: Wie schon oft in unserem Praxisbuch angesprochen bedeutet Anspannung auch Konzentration (sozusagen die Anspannung auf geistiger Ebene). Als Einstieg wollen wir mit unserem Körper arbeiten; eventuell stellen einige Kinder fest, dass sie in diesem Punkt recht begabt sind und können dann im nächsten Schritt eine Zirkusnummer als Artist, Zauberer, Gymnastikkünstler einüben. Jede Gruppe überlegt sich eine Art Choreographie, wir wechseln die Stationen und bewegen uns in der vorgegebenen Art und Weise zur Musik, die gerne klassisch sein darf. Wir geben in der ersten Station beispielsweise Bewegungen ausschließlich mit dem Kopf und den Händen vor, in der nächsten Ecke spezifische Bewegungen mit Beinen oder Füßen, in der nächsten nur Bauchkreisen oder Grimassen (also auf die Mimik reduziert). Die Kinder gehen von Station zu Station und müssen konzentriert ihr Bewegungsschema umstellen.

**... und noch einmal entspannen!** Wir legen uns im Kreis auf den Boden (gute Übung auch als Abschluss der Stunde). Die Kinder schließen die Augen und lassen den Atem fließen. Der Kursleiter tippt ein Körperteil an (Bauch, Ohr, Zehen, Knie), und die Kinder benennen es. Dies hört sich leicht an, in der Praxis jedoch liegen die Kinder mit geschlossenen Augen auf dem Boden und rätseln. Das Kennenlernen des Körpers, die Entwicklung der körperlichen Wahrnehmung fällt anfangs vielen Kindern schwer. Zu Hause kann die Übung später als Einschlafritual dienen.

**Manege frei!** Nun ist es soweit: Die Kinder haben sich geeinigt, ihre Vorführung geplant und geübt. Der Kursleiter oder ein älteres Kind übernimmt als Zirkusdirektor die Regie und ruft die jeweiligen Gruppen zum Auftritt. Als Musik bei den „tierischen Vorführungen" dienen Kinderlieder, die gymnastischen Vorführungen begleiten wir rein instrumental. Die Perfektion durch die Regie, die Requisiten, Musik und die Übung in der Gruppe erlaubt es uns, dieses Zirkusstück auch vor den Eltern oder eventuell sogar in einem Seniorenheim vorzuführen!

## Vertiefung

**Vertiefungsübung:** Wir ernennen aus jeder Gruppe ein Kind, das sich als Zirkusdirektor vor der Gruppe postiert und bestimmte Übungen vorgibt. So können die Kinder austesten, was sie beispielsweise mit den Gliedmaßen, dem Mund, der Nase oder den Augen so alles bewerkstelligen können. Sie sind das Spiegelbild des „Direktors" und ahmen alle erdenklichen Bewegungen, Gesten oder Grimassen nach. Diese Übung hört sich leicht an, ist jedoch eine Konzentrationsaufgabe für junge Kinder, die aufmerksam zuhören, -schauen und imitieren sollen, nicht „herumkaspern"!

**Musiktheoretische Vertiefung:** Unsere Vorführungen untermalen wir gezielt, setzen musikalische Signale und besprechen mit den Artisten die jeweilige Reaktion. Ein Becken, drei Klänge auf einem Xylophon, das Klingen der Triangel etwa können jede Präsentation einleiten oder beenden. Am besten überlegt sich jede Gruppe, mit welchem Instrument sie auf sich aufmerksam machen will: Ein Zauberer wählt mit Sicherheit eine andere Musik aus als eine Tiergruppe, die sich schnell im Kreis bewegt. Ebenso benötigt eine Gymnastikkünstlerin eine eher ausgewogene, ruhige Musik, während eine Tanzgruppe eher durch heitere Musik motiviert wird. Das hören auch schon ganz junge Kinder. Eigene Vertonungen mit den Instrumenten sind allerdings die kreativste Lösung!

## 4.3 Lerneinheit

### Eins, zwei, drei … und dann?

**Ziel der Lerneinheit**

Indem wir spielen, üben und uns ausprobieren, lernen wir unseren Körper kennen. Unsere Grundstimmung sollte konzentriert, fröhlich und motivierend sein. Das persönliche Empfinden hängt zudem von einer positiven Wohlfühlstimmung in der Gruppe ab. Wir wollen uns gezielt und dynamisch bewegen. Gesprochene und gesungene Verse sollen idealerweise metrisch gebunden umgesetzt werden, das schult nebenbei unser Taktgefühl. Den Wechsel zwischen An- und Entspannung stellen wir heute in den Hintergrund, vielmehr fordern wir unseren Körper und trainieren die Grob- und Feinmotorik. Nach dieser Einheit sollen die Kinder mit neuen Bewegungs- und Spielideen nach Hause gehen. Die Anleitungen benötigen keinen großen Aufwand, können spontan auf der Straße, teilweise zu Hause oder auch im Urlaub gespielt werden. Die Eltern müssen allerdings davon ausgehen, dass ihre Schützlinge nach der Stunde erschöpft und müde sind. Körperbeherrschung und ein möglichst gutes Taktempfinden setzen wir uns zum Ziel und kommen somit auch unserem musischen Anspruch nach!

**Materialtipp**
Bequeme Kleidung, Tücher und Bänder, Elementarinstrumente, das Lieblingslied eines jeden Kindes, Schwimmnudeln, aufblasbare Schwimmtiere oder eine Luftmatratze, Reifen und Seile. Straßenmalkreide, Hüpfseile, Bälle oder andere Dinge, die uns Spaß machen!

**Grundthema**
Durch Bewegungsspiele fördern wir die motorischen Fähigkeiten der Kinder. Gefühle werden direkt umgesetzt, und die Kursleiter sind dafür verantwortlich, dass dies in geregelten Bahnen passiert. Die kindliche Neugierde (in Zeiten der Bewegungslosigkeit vor PC und Playstation) muss angeregt werden. Mit musikalischer Untermalung beginnen wir die eher grobmotorisch ausgerichteten Übungen und beschließen das Thema mit eher feinmotorisch ausgerichteten Aufgaben bzw. Balancespielen. Klassische Musik (auch Kinderhits bekannter Liedermacher, Musik der Kinder) sorgt für eine gute Tanzstimmung. Die Kinder werden sich allerdings auf ihre Aufgaben konzentrieren und deshalb nicht so sehr auf die Musik achten ...

**Grafik**
Wir malen unsere Lieblingsbeschäftigung an der frischen Luft!

## Varianten

**Bewegungskette:** Ganz unterschiedliche Stationen im Raum müssen in rascher Abfolge absolviert werden. Die Anweisung des Kursleiters könnte also beispielsweise lauten: „Unter dem Tisch sitzen, in der Ecke am Fenster auf Zehenspitzen stehen, auf dem eigenen Stuhl knien, hier vor dem Klavier liegen!“ Auf Kommando und mit Musik werden die Stationen (nur einmal nennen, Konzentration!) in der genannten Reihenfolge besucht. Vereinbart wird natürlich Rücksichtnahme auf die anderen Kinder, es gibt kein Rempeln und Schieben!

**Blindflug:** Wir prägen uns den Raum mit all seinen Einrichtungsgegenständen ein. Dann werden den Kindern die Augen verbunden. Der Kursleiter nennt einige Gegenstände, die Kurskinder zeigen „blind“ in die jeweilige Richtung; dabei bleibt der Oberkörper die ganze Zeit gestreckt, die Arme zeigen gespannt nach oben. Am Ende machen wir einen runden Rücken, lassen die Arme baumeln und entspannen kurz.

**Farbentanz:** Wir bekleben unsere Nasen, Köpfe, Arme, Ellenbogen, Knie, Fersen usw. mit selbstklebenden Farbpunkten oder auch alten Stickern, die unsere Mütter aufgehoben haben. Die Musik ist frei wählbar; auf Zuruf versuchen wir die beklebten Körperteile zusammenzubringen – manchmal nicht einfach! Hier ist durchaus auch Feinmotorik gefragt ...

**Balancekünstler:** Wir versuchen ganz außergewöhnliche Dinge: Alle stehen auf einem Bein, stützen sich auf ein Knie und eine Hand, wir balancieren nur auf dem Po, versuchen uns fortzubewegen, indem wir die Füße und eine Hand benutzen usw. Jeder kann Ideen einbringen, und die Gruppe versucht sie umzusetzen. Fantasievolle Fortbewegungsarten und kreative Ideen bringen zirkusreife Leistungen!

## Vertiefung

**Vertiefungsübung:** Unter anderem war das Wahrnehmen und Kennenlernen des eignen Körpers ein Hauptziel unserer Lerneinheit. Unterschiedliche Bewegungsformen, Berührungen und die Balance wollten wir erarbeiten. Schließlich, gegen Ende der Stunde, wollen wir noch eine ungewöhnliche Aufgabe erledigen. Dazu laufen wir einige Minuten im Kreis, wild durcheinander, ohne uns anzurempeln, und legen uns dann auf den Boden. Der Kursleiter erklärt, wo das Herz zu finden ist. Wir erspüren den eigenen Herzschlag und teilen ihn, einer nach dem anderen, der Gruppe mit. Wir sprechen mit: „Poch, poch, poch ..." Sind unsere Herzschläge unterschiedlich?

**Musiktheoretische Vertiefungsübung:** Endlich kommen wir wieder zu einer Body-Percussion! Diese Übung funktioniert meist nicht sofort. Sie muss oft wiederholt werden, ist aber nach ihrer Vollendung eine eindrucksvolle Übung. Ein Rhythmus wir immer wieder vorgespielt, bis die Gruppe sicher mitklatschen oder mitspielen kann. Hierzu können beliebige Schlaginstrumente, Handtrommeln usw. verwendet werden. Ein einfacher und einprägsamer Rhythmus ist beispielsweise „lang-lang, kurz-kurz-lang". Wenn wir diesen verinnerlicht haben, können wir andere Körperinstrumente einsetzen. Wir klatschen, stampfen, schlagen auf die Oberschenkel oder den Bauch, schnipsen mit den Fingern, machen Geräusche mit der Zunge, winken, reiben uns die Oberarme usw. Eine feste Reihenfolge sollte eingeübt werden, dann können alle Körpermusiker synchron mitmachen! Wenn die Gruppe recht groß ist bzw. Eltern gerne mitwirken möchten, können wir den vorgegebenen Takt noch mit den Schlaginstrumenten, Triangeln oder Glockenspielen begleiten. Das hört sich wirklich professionell an!

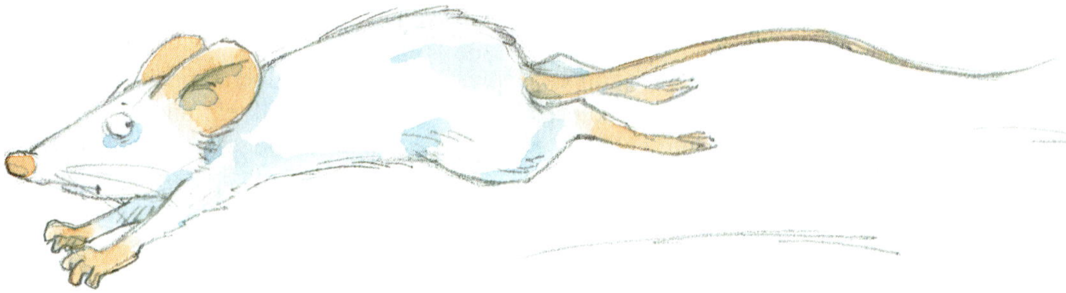

## 4.4 Lerneinheit
## Was macht Kater Miu heute?

**Ziel der Lerneinheit**

Wieder greifen wir unser Grundthema auf: Bewegung und Entspannung als zwei aufeinander bezogene Prozesse. Ein gutes Körperwahrnehmungsgefühl durch Bewegung ist generell eine effektive Vorbereitung für vielfältige musikalische Übungen. Über die Bewegung spüren sich die Kinder, reagieren auf Reize oder Gefühle und „er"-fassen bzw. „be"-greifen ihr Umfeld. Sie nehmen mit Spielkameraden Kontakt auf (öfter als auf verbaler Ebene), können diesen aber auch bewusst und ausdrucksstark verweigern oder sich zurückziehen. Bewegungsschemata sind also prinzipiell nicht nur durch Aktivität geprägt, sondern gelegentlich auch durch Rückzug, destruktives Verhalten, Müdigkeit oder Abschalten („Herunterfahren"). In dieser Katzen-Mäuse-Einheit werden wir diese Gegensätze herausarbeiten und versuchen, die vorgegebenen Varianten an das Durchschnittsalter bzw. die Reife der Gruppe anzupassen. Das Thema „Der Kater und die Mäuse" garantiert uns Spannung, Dynamik und setzt recht differenzierte Anreize, um sich zu bewegen. Die Kurskinder können eine Rolle wählen, sich dem vorgegebenen „Drehbuch" anpassen oder die Übung in einer weiteren Einheit variieren. Wenn unsere Gruppen vom Alter her recht durchmischt sind, muss der Kursleiter im Verlauf der Stunde die „Zügel immer mehr lockern", dann können ältere Kinder eigene Ideen besser umsetzen!

**Materialtipp**

Bänder in zwei Farben, ein kleines Kinderzelt (wenn vorhanden), kleine Bälle oder Wollknäuel, ein Katzenkörbchen, ein Fressnapf, weiche Tücher oder Kissen, bequeme Kleidung, gerne Turnbekleidung; eventuell können (maus-)graue oder (katzen-) braune Shirts organisiert werden.

**Grundthema**
Zum besseren Verständnis führen wir das Thema Katzen und Mäuse ein (das wiederholt sich zwar in anderen Lerneinheiten, muss hier jedoch sein, damit die Kinder „in Stimmung kommen"). Wie leben Katzen und Mäuse, wie sehen sie aus? Katzen schleichen, wetzen ihre Krallen an Bäumen und fressen natürlich auch die kleinen Mäuse. „Hauptperson" unserer Spiele ist der Kater Miu, ein schlauer Geselle. Die kleinen Mäuse mögen Käse, müssen schnell und wendig sein, überstehen so natürlich die vielen Gefahren! In der Vorbereitung legen wir die stimmlichen Parameter und die Bewegungen fest. Das Kratzen des Katers symbolisieren unsere „gekrallten" Hände, wir schleichen auf lautlosen Pfoten (Fußsohlen) umher und machen gegebenenfalls einen großen Sprung (Angriff!). Die Mäuse trippeln mit ganz kleinen Schrittchen oder einem Tremolo mit den Fingern. Das Knabbern der Mäuslein ahmen wir mit dem Mund nach oder mit den Fingern und machen natürlich nur ganz kleine, rasche Sprünge. Der Kater sollte sich schnell bewegen, aber auch lange in einer Position verharren können, wenn er auf die Mäuse wartet (Konzentration!). Diese Position üben wir, indem wir uns lockern, dehnen, die Krallen wetzen und dann in „Habachtstellung" gehen ... Unsere Stimme kommt gezielt zum Einsatz. Wir fauchen, schnurren und miauen, und das in hohen und tiefen Stimmlagen!

**Grafik**
Sie beschränkt sich heute auf die Gestaltung eines Mäuseloches – am besten eine große Papierbahn nehmen, bezeichnen oder anmalen – das Mäuschen, das sich hier verschanzt, ist nicht angreifbar für den Kater! Es sitzt im Mäuseversteck!

## Varianten

**Katzentheaterstück:** *Die Mäuschen treffen sich alle auf dem Holzstapel des Nachbarn. Da faucht plötzlich der große, schwarze Kater des Nachbarn. Die Mäuse bekommen einen Riesenschreck! Wer von den Kindern möchte den schwarzen Kater spielen? Die Mäuschen huschen so schnell wie möglich weg und verstecken sich in allen erdenklichen Ecken. Es kehrt Ruhe ein. Nach einer gefühlten Ewigkeit schleichen sich die Mäuschen aus den Ecken und fangen an, auf der Terrasse des Nachbarn zu tanzen!*

Die Kinder sollten dieses kleine Stück nachspielen und spätestens bei der Wiederholung das Katzentheater vertonen: mit Instrumenten oder einfach mit ihren Stimmen. Auch Grimassen sind eine Möglichkeit, sich auszudrücken, doch sollten wir den Kindern den Zusammenhang zwischen dem jeweiligen Gesichtsausdruck und der eigenen Gefühlsebene erklären.

**Katz- und Maus-Musik:** Wir lernen zwei verschiedene Musikmotive kennen: Das Kater-Miu-Motiv ist langsam, spannend und dennoch ruhig; das Mäuschen-Motiv ist lustig, schnell und von schnellen Notenwerten gekennzeichnet. Es empfiehlt sich, die Motive spontan und selbst zu komponieren. Wer das nicht möchte, kann sich aus der klassischen Musik die besten Anregungen holen. Mozart beispielsweise ist die ideale „Mäusevertonung“, Beethoven und Mussorgsky (Bilder einer Ausstellung) eignen sich auch, sind aber eher getragen und somit passend für unseren Kater! Bald wechseln wir zwischen den Musikmotiven: Die Kinder stehen entsprechend ihren Rollen auf! Später halten wir die passenden Requisiten beim jeweiligen Motiv hoch. Abschließend kann die Gruppe frei tanzen, um beim entsprechenden Musikmotiv die charakteristischen Tierbewegungen umzusetzen!

**Wo ist der Käse?** Vorbereitend lassen wir unsere Kinder wieder in ihre Rollen schlüpfen, platzieren das Mäuseloch in Form des Kinderzeltes oder der gemalten Variante, legen Bälle oder andere Dinge als „Käseersatz“ aus ...

*Zu Beginn schläft unser Kater Miu, die Mäuschen suchen still und heimlich ihr Futter und schenken Miu keine Beachtung. Miu reckt und streckt sich im Schlaf. Jetzt erst bemerken ihn die Mäuse, schreien auf (energievoll, zusammen und laut!). Dadurch erwacht unser Kater, jagt hinter den Mäusen her, die davonhuschen und sich schließlich verstecken. Miu ist verzweifelt – keine Maus hat er gefangen! Er versucht es weiter, und er wird darüber immer müder. Die Mäuschen linsen aus ihren Verstecken: Da schau her, Miu ist vor Erschöpfung wieder eingeschlafen! Jetzt erst huschen die Mäuse leise aus ihren Verstecken und holen sich ihr Futter!*

## Vertiefung

**Vertiefungsübung – Entspannung:** Wir sitzen ruhig im Kreis, so dass der Vordermann dem jeweils nächsten Kurspartner den Rücken zuwendet. Wir schließen die Augen, und der Hintermann „malt“ auf den Rücken seines vorderen Partners ein Tiermotiv. Fingertrippeln oder Kitzeln heißt Mäuse, kraftvolles Drücken mit der ganzen Hand bedeutet Katze usw. (eigene Ideen!). Die musikalischen Motive setzen wir unterstützend ein, das macht die Übung einfacher!

**Musiktheoretische Vertiefung – „Der gestiefelte Kater“:** Wir lesen das Märchen vom gestiefelten Kater, unterhalten uns darüber, machen daraus ein musikalisches Rollenspiel. Die Kinder werden als Kater bzw. Mäuse gekennzeichnet. Paarweise finden sich immer ein Kater und eine Maus. Mit unseren Elementarinstrumenten erzeugen wir schnelle Klänge als Zeichen für den Mäuseeinsatz. Getragene, langsamere Klänge sind das Signal der Kater, die gehalten sind, „ihre“ Maus zu fangen ... Je nachdem, wo das Mäuslein hingelaufen ist und wann der nächste Klang ertönt, hat der Kater die Möglichkeit, „seine“ Maus zu schnappen. Paare, die sich so gefunden haben, scheiden aus. Dieses Rollenspiel schult die Hörwahrnehmung, die Konzentration und lehrt uns, durch Klänge zu kommunizieren!

## 4.5 Lerneinheit
### Auf, Tanzbär, tanz!

**Ziel der Lerneinheit**
Schon kleine Kinder spielen, toben, bewegen sich zur Musik, übernehmen eine Rolle und bezeichnen es als Tanzspiel, wobei die Art der Musik in dieser Phase eher nebensächlich ist. Aber Vorsicht: tanzen ist nicht gleich tanzen! Wir achten von Anfang an auf die Stimmung in der Gruppe, damit zurückhaltende Kinder (meist Jungs) Mut schöpfen und sich trauen. Es darf frei getanzt werden (zu einer beliebigen Musik), und die Tanzpartner bewegen sich nach Lust und Laune. Alternativ können traditionelle Tänze erlernt (etwa eine Polonaise) oder kreativ verändert werden. Wichtig ist es, die Schüler zum Tanzen anzuregen und sich auf bestimmte Formationen und Schritte zu konzentrieren. Die entstehenden „Mini-Choreographien" machen „Lust auf mehr" und sind eventuell gar der Einstieg in einen ersten Kindertanzkurs.

**Materialtipp**
Wir benötigen Platz, also räumen wir alles frei oder gehen in den Außenbereich; sehr bequeme Kleidung, eventuell auch Kostüme aus der Faschingszeit.

**Grundthema**
In allen Übungen unterscheiden wir zwischen vorgegebenen, zum Teil taktgebundenen Tanzspielen und dem freien Tanz. Beide Elemente sind wichtig, können miteinander kombiniert werden und stellen uns vor unterschiedliche Anforderungen. Der freie Tanz soll unsere Schüler „befreien", sie sollen aus sich herausgehen, Bewegungen zulassen, den Atem fließen lassen und die Musik erfahren, ohne Rücksicht auf den Takt nehmen zu müssen, ohne Angst vor einer Blamage. Eine gemeinsame Koordination von Tanzbewegungen, womöglich noch taktgebunden, verlangt unseren Schülern schon weitaus mehr ab. Wir müssen die Tanzschritte üben, den Takt synchronisieren und die Gruppe als solche in Einklang bringen. Je besser wir lernen, uns zu konzentrieren, desto eher können wir rhythmisch-gebundene Tänze einstudieren und unsere tänzerischen Bewegungen auch im freien Tanz an die

Musik anpassen. Speziell Jungs müssen animiert werden, denn oft hören sie im Elternhaus, dass Männer generell nicht tanzen sollen oder dass sie kein Talent hätten. Dem wirken wir entgegen, indem wir sie themenbezogen in verschiedene Rollen schlüpfen lassen. Mitunter peppen wir unsere Tänze auch durch Tücher, Bälle oder andere Requisiten auf. Außerdem könnten wir den Kindern anbieten, dass sie verkleidet kommen dürfen, je nach Tanz.

**Grafik**
Mit Umrissen von Füßen malen wir einen Fantasie-Tanz bzw. dessen Schrittfolge, die später nachgetanzt wird. Etwas mehr Aufwand: Die Füße auf Pappe vorzeichnen, ausschneiden und zur Erarbeitung der Schrittfolgen auf dem Boden auslegen. Die Mühe lohnt sich!

## Varianten

**Tanzreim:**

*Wir tanzen, wir tanzen wie die Pflanzen: sie ranken sich immer höher und tanzen*

*Wir tanzen, wir tanzen wie die Hunde: sie tanzen immer rascher, Runde um Runde*

*Wir tanzen, wir tanzen wie die Katzen: sie tanzen immer schneller und schmatzen*

*Wir tanzen, wir tanzen wie die Finken: sie tanzen immer schlimmer – und sie hinken*

*Wir tanzen, wir tanzen wie der Wind: er tanzt und er fegt ganz geschwind*

*Wir tanzen, wir tanzen auf besondere Weise: manchmal ganz laut und dann wieder leise!*

Ein Tanzspiel für die ganz jungen Gruppenmitglieder. Wir tanzen frei, nehmen die Anregungen auf und sprechen mit. Der Tanzreim sollte mit dem Klavier oder der Gitarre ganz frei vertont und begleitet werden. In der letzten Zeile tanzen wir lautlos, so dass von der Gruppe nichts mehr zu hören ist!

**Verkleidungstanz:** Insbesondere Mädchen können wir mit dem Gedanken verzaubern, sich verkleiden und in andere Rollen schlüpfen zu dürfen. In jeder Familie gibt es Kostüme, nutzen wir sie! Kinder im Alter von 4–6 Jahren sind nur begrenzt in der Lage, ihren Bewegungsdrang zu steuern. Wir können sie jedoch relativ lange „bei Laune halten“, wenn wir zu Verkleidungen greifen. Die Musik kann in der Gruppe frei gewählt werden, wichtig wäre an dieser Stelle die Auswahl der gewünschten Rollen! Prinzessinnen und Feen sollten sich eher graziös bewegen, Ritter und Räuber können durchaus einen dominanten Auftritt „hinlegen“ ...

**Wir tanzen alle!** Wie bitte? Auch die Jungs sollen tanzen, obwohl sie es für wenig „männlich“ oder gar für albern halten? In Zeiten der Gleichstellung und der variablen Rollen zwischen Mann und Frau vermitteln wir der gesamten Gruppe, welch großen Anteil Männer in der Geschichte am Tanzen hatten. So „packen wir es an", stellen uns im Kreis auf, laufen, stehen, hüpfen, springen – möglichst synchron. Wie so oft ist die Wahl der Musik beliebig; wir lassen dem Kursleiter und gerne auch der Gruppe die Wahl, denn oft haben schon ganz junge Kursmitglieder Lieblingshits!

**Kreistanz:** Der Kreis ist eine traditionelle Tanzformation. Wie ein Ring vereint er Anfang und Ende, also muss keiner „hintan" stehen. Im ersten Schritt spielt der Kursleiter auf einer Handtrommel, die Kinder bewegen sich im Takt und natürlich im Kreis. Spielt der Kursleiter laut, wird der Kreis weit, wird das Trommeln leiser, rückt der Kreis ganz nah zusammen. Zudem können wir unserem Getrommel folgend schneller, langsamer, lauter oder ganz leise agieren. Die spontane Reaktion unserer Tänzer und ein animierendes Musikstück lassen den Kreistanz gelingen!

## Vertiefung

**Vertiefungsübung:** Wir vertiefen eine tradierte Tanzübung: die Polonaise. Sie kann im Raum oder auch auf dem Weg ins Freie bzw. im Außenbereich getanzt werden. Dabei marschieren wir in einer langen Schlange durch den Raum, über Hindernisse, gestreckt und winkend oder schleichend und buckelig. Es sind alle körperlichen Darstellungsformen möglich, beispielsweise können wir auch als Paare laufen. Bei einer Gruppe von entsprechender Größe wird der Raum schnell zu klein, daher ist das Ausbrechen in den Außenbereich keine schlechte Sache!

**Musiktheoretische Vertiefung – Musik-Polonaise:** Wir können die Polonaise aus unserer Vertiefungsübung instrumentalisieren! Der Kursleiter kann die Taktgebundenheit herausstellen und den musischen Marsch mit einer Trommel oder einer Triangel begleiten. Wir können auch Elementarinstrumente an unsere marschierenden Tänzer verteilen, dann entsteht eine bunte, klangvolle Polonaise!

# 4.6 Lerneinheit
## Wir flitzen wie die Mäuse

**Ziel der Lerneinheit**

Langes Stillsitzen, immer konzentriert sein, auf die anderen Kinder Rücksicht nehmen und auch noch mitarbeiten – das ist für viele Kinder nicht ohne weiteres möglich. Schließlich können sich Kinder im Vorschulalter nur eine begrenzte Zeit lang mit einem Thema befassen, also wollen wir unsere nächste Tierstunde auf Bewegung und Aktion ausrichten und lediglich bei Bedarf ruhige Phasen einplanen. Mit einigem Spaß wollen wir den Unterschied zwischen Aktion und Ruhephase vermitteln. Das Nachahmen der Tierbewegungen nehmen wir zum Anlass, um beim Lernen alle Sinne zu nutzen, neugierig zu sein und möglichst alles auszuprobieren. Intensive motorische Bewegungsphasen wechseln sich mit kurzen Ruhephasen ab. Wir wollen Spannung aufbauen und zum Selbermachen, Hinhorchen und Spüren anregen. Die anschließende Reflexion wird anfangs nur begrenzt gelingen, aber durch Wiederholung festigen wir Rituale und lernen Inhalte. Auch im Hinblick auf den späteren Schulalltag wollen wir die Bewegungsphasen immer mehr verkürzen und dafür das spezifische Lernen ausbauen.

**Materialtipp**

Reifen, Seile, bequeme Kleidung, kleine Hocker, Bälle, eventuell kleine Äpfel oder Süßigkeiten in Absprache mit den Eltern.

**Grundthema**

Wir wollen uns bewegen, und zwar in möglichst vielen Varianten: gezielt, mit Körperspannung und Spaß. Dazu nehmen wir uns einfach ein Tierthema, etwa „Mäuse“ oder „Affen“. Diese Einheit lässt sich beliebig auf viele Tierarten transferieren. Kinder lernen durch Bewegung, Bewegung gehört generell dazu, und mit Bewegung lässt es sich einprägsam lernen! Nur wer sich bewegt, erfährt, was möglich ist und was erlernt werden kann. Es geht hier nicht um Sport, sondern um *„learning by doing“*, d. h., wer bestimmte Dinge nicht ausprobiert, kann nicht darüber sprechen. Wir beginnen mit dem Gang des Menschen. Zuerst gehen wir normal, dann leise, wir trampeln, humpeln oder hinken, torkeln, gehen hektisch oder zögerlich, in zu großen oder zu hohen Schuhen und – wir sprechen darüber. Die Reifen und Seile werden im Raum verteilt: wir balancieren darauf. Können wir alle Bewegungsarten auch mit geschlossenen Augen ausführen? Schnell erkennen wir, dass nicht nur Tiere vielfältige Bewegungsmuster haben.

**Grafik**

Wir suchen uns Zeichen für verschiedene Bewegungsarten (z. B. für Schleichen einen langen Strich, für Trippeln viele kleine Punkte, für Hüpfen kleine Kreise in Folge usw.). Das ist der Anfang einer Notation oder einfach eine kreative Bewegungsanweisung!

## Varianten

**Welches Tier bin ich?** Dies ist ein einfaches Einstiegsspiel für die jüngeren Kinder. Wir setzen uns als Kreis, jedes Kind überlegt sich ein Tier und versucht, es vor der Gruppe darzustellen. Die anderen Kinder müssen raten, auch anhand der geäußerten Tierlaute.

**Wer bin ich denn heute?** Wir beginnen im Sprechreim „Bienchen summen, Hummeln brummen – wir jedoch, ihr lieben Leut', sind heut' ... ein Hund! Der Kursleiter oder ein Kind aus der Gruppe benennt verschiedene Tiere. Der Reim wird immer wieder gemeinsam gesprochen, ehe das nächste Tier verkündet wird. Die Bewegungen können spontan ausgedacht werden, wir können auch zuerst bestimmte Bewegungen einüben und unsere Übung anschließen.

**„Action!" – und „Ruhe!"** Die Vermittlung dieses Zusammenhangs ist unser Ziel. Wir vereinbaren Tätigkeiten, die wir beim Signal „Action!" umsetzen. Dann definieren wir Entspannungshaltungen, die wir beim Hören des Signals „Ruhe!" einnehmen. Bei „Ruhe!" begeben wir uns beispielsweise leise an unseren Tisch und legen den Kopf in die Arme oder auf den Tisch. Bei „Action!" ist alles möglich, doch drückt sich diese Übung nicht in Tierbewegungen aus, vielmehr wählen wir die menschlichen Bewegungsmuster. „Action!" bedeutet also, dass wir hüpfen, auf einem Bein hüpfen, humpeln, im Vierfüßlerstand kriechen usw. Der Wechsel zwischen Ruhe und Bewegung wird noch eindrücklicher, wenn wir ihn mit einem Klang oder Paukenschlag ankündigen.

**Kleine Geister tanzen!** Wir bewegen uns frei durch den Raum, die Musik ist ebenfalls frei gewählt. Wie schon oft können wir Lieblingshits der Kinder spielen, empfehlenswert ist aber auch klassische Musik von Mozart oder Johann Strauß. Das Tanzspiel kann „frei" bleiben, genauso gut können wir eine kleine Choreographie einüben. Je nach Musikwahl planen wir ein oder zwei Tiere und ihre Eigenarten ein, spielen beispielsweise wieder unsere beliebte Katze oder die Mäuse. Die vereinbarten Bewegungsmuster werden frei oder auf Zuruf getanzt. Rollenspiele sollten in dieser Einheit vermieden werden, wichtiger wäre es, dass die Kinder auf Signale, Zuruf oder Klangvorgaben hin tanzen, und das im zügigen Wechsel!

## Vertiefung

**Vertiefungsübung – Zoobesuch:** In den vorangegangenen Variationen haben wir die Bewegungsmuster verschiedener Tiere erarbeitet. Jetzt wagen wir uns an die Tierlaute von Bären, Fröschen, Hunden, Katzen, Schweinen, Spechten und Schlangen: sie brummen, quaken, bellen, miauen, grunzen, schlagen und rascheln ... Wir bewegen uns auf Kommando und nehmen die tierischen Laute hinzu. Der Bär stampft im Rhythmus herum, die Katze schleicht und buckelt, die Schlange windet sich auf dem Boden, der Forsch hüpft, Hunde springen herum und bellen. Wichtig ist die Verbindung von körperlichem Ausdruck und stimmlicher Kreativität. Zur musikalischen Untermalung wäre Instrumentalmusik ideal, oder der Kursleiter begleitet auf dem Klavier.

**Musiktheoretische Vertiefung:** Dies ist zugleich eine Konzentrationsübung! Wir denken uns ein Tier, z. B. den Bären, aus. Zuerst stampfen wir, mit jedem Schritt eine Viertelnote. Dann beginnen wir:

| | |
|---|---|
| *„Ein Bär tanzt“* | – wir klatschen einmal in die Hände. |
| *„Zwei Bären tanzen“* | – wir klatschen und schnipsen mit den Fingern. |
| *„Drei Bären tanzen“* | – wir klatschen, schnipsen und stampfen mit dem rechten Bein. |
| *„Vier Bären tanzen“* | – wir klatschen, schnipsen, stampfen mit rechts und links. |
| *„Fünf Bären tanzen“* | – wir klatschen und legen die Hand auf den Bauch. |
| *„Sechs Bären tanzen“* | – wir klatschen und legen die Hände auf den Kopf. |

Diese Übung ist beliebig erweiterbar. Der Text sollte parallel zu den Aktionen immer mitgesprochen werden. Wichtig ist die exakte Taktgebundenheit: Tanzen, Aktion und sprechen! Natürlich können auch andere Tiere ausgewählt werden, insbesondere, wenn die Übung öfter wiederholt wird.

## 4.7 Lerneinheit
### Karneval der Noten

**Ziel der Lerneinheit**
Auch in dieser Stunde geht es um Bewegung – und um fröhliche Ausgelassenheit! Wir wollen die Fantasie und die Kreativität der Kinder anregen, das Sozialverhalten in der Gruppe und ihr Selbstbewusstsein stärken. Das Ziel der unterhaltsamen Tanzspiele für die etwas älteren Kinder sollte die Kombination aus Rhythmik, Koordination sowie Haltung sein. Diese Einheit kann als Wiederholung herangezogen werden oder die Grundlage für die alljährliche Faschingsparty darstellen.

**Materialtipp**
Kostüme der Kinder, Papiergirlanden, einige kleine Süßigkeiten, die auch geworfen werden können; ein buntes Schwungtuch oder bunte Chiffontücher

**Grundthema**
Unser Grundthema ist das Verkleiden, unsere Selbstdarstellung, das Annehmen einer anderen Identität. Die Kinder sollen sich nach Lust und Laune verkleiden; nicht verkleidete Kinder werden vom Kursleiter mit vorhandenen Requisiten ausgestattet. Der erste Schritt ist eine Begrüßungsrunde, sitzend oder stehend. Jedes Kind darf sich selbst beschreiben, vorstellen und erzählen, warum es die gewählte Verkleidung ausgesucht hat. Denkbar wäre auch eine Raterunde (wenn Kinder zu schüchtern sind, sich vorzustellen). Dann übernehmen die anderen Schüler die Vorstellung und stellen dem jeweiligen Kind die Fragen. Diese Unterrichtseinheit lebt von der Musik. Daher sollte man im Hinblick auf das Alter und die Vorlieben der Gruppe eine geeignete Musik wählen. Da die meisten Kinder auch in der Schule bzw. im Elternhaus ihre Lieblings-CDs haben, kann man einfach auch diese Musik verwenden! Viele Familien bringen auch aus dem Sommerurlaub sogenannte „Party-CDs" mit, die bei den Kindern beliebt sind und ein Stück Erholung mitten im Winter bedeuten.

**Grafik**
Tanzende Kinder oder schwungvolle Tücher, die in den Lieblingsfarben ausgemalt werden können.

## Varianten

**Fadentanz:** In unseren Kostümen tanzen wir heute den Fadentanz! Jeder bzw. jedes Tanzpaar legt einen Faden bzw. eine Schnur aus und tanzt ausschließlich – mit viel Balance – auf diesem Faden. Wir können unsere Tanzbahn als Schlange oder im Kreis auslegen; tanzen können wir gestreckt, tänzelnd, gebückt, mit großen Ballerinaschritten ...

**Faschingsorchester:** Wir verteilen verschiedene Instrumente, ernennen zwei oder drei Dirigenten, welche die Tanzgruppen begleiten; die Dirigenten besprechen mit ihren Gruppen die Art der Bewegungen, bestimmte Tanzbefehle, können mit vorhandenen Requisiten die Tanzgruppe neu ausstatten. Sinnvoll ist es, wenn sich die Gesamtgruppe auf eine einheitliche Musik einigt. Eventuell haben die Kinder bestimmte Vorlieben bei Liedermachern oder möchten auch ganz aktuelle Hits einbringen.

**Luftballon-Rallye:** Wir verwenden bunte Luftballons in allen Farben und versuchen mit diesen Ballons zu tanzen – balancieren sie auf dem Kopf, auf dem Knie, zwischen zwei Tanzpartnern (die Kinder bringen mit Sicherheit auch viele eigene Ideen ein). Ganz unabhängig vom taktgebundenen Tanzen können wir auch ein Schnelligkeitsspiel machen. Wer am schnellsten seinen Luftballon ohne Bodenkontakt ins Ziel bringt, ist der Sieger!

**Faschingsstopp-Tanz:** Die Musik ist frei wählbar bzw. gestaltet sich nach den Wünschen der Kinder. Gerade in der Faschingszeit haben die Kinder oft Musikwünsche! Sobald die Musik anhält, ruft ein ernannter Tanzmeister verschiedene Spielanweisungen in die Menge. Denkbar sind Tanzbefehle, wie z. B. „die Tänzer stehen auf einem Bein!“ – „die Tänzer liegen auf dem Bauch!“ – „die Tänzer sitzen unter ihrem Tisch!“ – hier sind der Kreativität und Ausgelassenheit keine Grenzen gesetzt. In der jeweiligen Haltung sollte man einige Sekunden kurz verharren, still, in Balance und mit Konzentration!

**Freier Tanz:** Das freie Tanzen ist nicht aus der Faschingszeit wegzudenken! Natürlich können wir auch zum Austoben frei tanzen bzw. jeder kann in seiner gewählten Tagesrolle aufgehen! Als Regulativ sollte man vereinbaren, dass die Gruppe still dasitzt, kurz nachdem die Musik ausgeschaltet wurde.

## Vertiefung

**Vertiefungsübung:** Das taktgebundene Musizieren ist für kleinere Kinder am Anfang recht schwer. Es gibt verschiedene Notenwerte, die unterschiedlich lange gehalten werden. Wir versuchen die Viertelnoten auf dem Papier zu malen und sie körperlich umzusetzen. Der nächste Schritt sind die Achtelnoten und die halben Noten – wir machen sie für die Kinder verständlich, indem wir ihnen die Viertelnote als gleichmäßigen Schritt, die Achtelnote als schnelleren Schritt (tip-tip-tip-tip) und die halbe Note als Bärenstampfer (tap ... tap ...) erklären. Das Verhältnis der Noten zueinander muss in einer anderen Einheit vertieft werden, es wäre an dieser Stelle zu viel!

**Musiktheoretische Übung:** Das Faschingsorchester hat im ersten Schritt nach Lust und Laune musiziert und experimentiert. Nun sehen die Regeln ein paar Einschränkungen vor. Wir versuchen nach Anweisung des Kursleiters auf den Instrumenten laut und leise, schnell und langsam, lauter und leiser werdend zu spielen. Das sollte in der großen Gruppe, aber auch abwechselnd in kleinen Gruppen funktionieren, die nacheinander musizieren.

# 4.8 Lerneinheit
## Auf dem Spielplatz

**Ziel der Lerneinheit**
Durch Spiel und Spaß sollen Kinder ihren Körper kennenlernen, die einzelnen Körperteile und den Körper als Ganzes. Wir machen vielfältige Spiele in verschiedenen Varianten, später auch taktgebunden als musikalische Vertiefung. Auch wenn wir eine Spielplatzstunde ausgelassen gestalten, brauchen wir trotz allem eine gewisse Ruhe in der Gruppe, damit die notwendige Konzentration nicht verloren geht. Die Kinder sollten je nach Reife und Lernbereitschaft „abgeholt" werden und nur die Übungen machen, die sie sich auch zutrauen. Wir werden Spiele zum gegenseitigen Kennenlernen und Spiele zum Kennenlernen des eigenen Körpers anbieten, also kann die Einheit auch hervorragend am Schuljahresanfang eingeplant werden. Ziel unserer Lerneinheit ist die pantomimische Darstellung unserer Spielplatzaktivitäten im Unterrichtsraum. Wir fördern den Bewegungssinn und unsere Koordination. Wie auf dem Spielplatz oder sonst im Alltag sollten wir Rücksichtnahme und somit soziales Verhalten beweisen!

**Materialtipp**
Heute ganz einfach: wir benötigen uns selbst, unseren Körper und bequeme Kleidung. Wenn Platz vorhanden ist, gerne auch Hüpfseile, Kegel, Bälle oder – eventuell für den Außenbereich – Straßenmalkreide.

**Grundthema**
Gerne gehen die Kinder auf den Spielplatz, zuerst mit den Eltern, später mit Freunden und manchmal noch als Teenager zum „Chillen" ... Ein Ort, an dem wir schaukeln, balancieren, hüpfen, springen, uns verstecken oder einfach nur „tratschen" können, also nicht nur ein Ort der Bewegung, sondern auch einer der Kommunikation und eine willkommene Gelegenheit, die Kinder von PC und Play-Station „wegzulocken"! In einer recht schwungvollen Stunde wollen wir körperliche Ausgelassenheit mit Regeln der Musik und der Sprache verbinden. Zuerst sprechen wir über unseren Lieblingsspielplatz: Was gefällt den Kindern am besten, und wer geht mit uns auf den Spielplatz? Liegt der Spielplatz im Wald, in der Stadt oder sogar in der Nähe unserer Wohnung? Wir spielen die Aktivitäten auf dem Spielplatz nach, vertonen sie stimmlich und instrumental und machen unterhaltsame Spiele zum Thema.

**Grafik**
Wir malen unsere „Lieblingsstation" auf unserem Spielplatz!

## Varianten

**Spielplatztanz:** In unserem Einführungsgespräch haben wir die verschiedenen Stationen auf unseren Spielplätzen besprochen, etwa die Wippe, die Rutsche, die Balancierhölzer, den Kletterturm oder die Schaukel. Zu jeder Aktivität vereinbaren wir eine charakteristische Bewegung. Der Kursleiter ruft: „Wir sind jetzt auf der Schaukel! ... jetzt auf der Wippe ...!" usw. Die Kinder ändern ihre jeweilige Aktivität auf Signal. Ein schwungvoller Reaktionstanz entsteht. Heitere Musik macht die Übung noch unterhaltsamer und zum „echten Spaß"!

**Parameterübung:** Wir nehmen uns die Wippe vor und ahmen im ersten Schritt nochmals die Bewegungen nach, es geht also „rauf" und wieder „runter". Dann sprechen wir: *„Wir wippen hoch, wir wippen tief."* Das wiederholen wir immer wieder. Schließlich ergänzen wir den Reim und sprechen: *„Wir wippen hoch, wir wippen tief – bis uns der ... rief!"* Damit wird jeweils ein Gruppenmitglied aufgefordert, den nächsten Wiederholreim zu sprechen. Es entsteht ein Abwechslungsreim, den alle Gruppenmitglieder körperlich mitmachen. Nur jeweils ein Kind begleitet die Aktivität stimmlich und gibt dann das Kommando weiter. Diese Übung fördert die Kinder auf vielfältige Weise, insbesondere Konzentration, die Stimme und den Körper!

**Was kann unser Körper?** Auf einer weichen Matte beginnen wir die Übung mit dem Kopf. Was kann er? Nicken, sich nach rechts neigen, sich schütteln und in Ruhe verharren. Dann geht es mit den Schultern weiter. Sie können sich heben und senken, kreisen usw. Es folgen der Bauch, die Arme, die Hände, der Po, die Beine und die Füße. Alle Körperteile haben unterschiedliche Bewegungsmöglichkeiten, die wir im Kreis ausprobieren und besprechen und die durch musikalische Untermalung an Dynamik und Takt gewinnen. Diese Übung ist auch gut für behinderte, bewegungsmäßig eingeschränkte Kinder geeignet.

**Der Zauberer auf dem Spielplatz:** Heute bekommen wir Besuch, da uns ein Zauberer (der Kursleiter oder ein ausgewähltes Kind) auf unserer Spielwiese trifft. Wir bewegen uns ganz frei oder nach vereinbarten Bewegungsschemata. Unser Zauberer hält eine Klangschale oder eine Triangel in der Hand und lässt einen Ton erklingen: Wir erstarren – eine schnelle Reaktion ist gefragt! – und müssen in dieser Position verharren, bis erneut ein Ton erklingt. Dann erst dürfen wir weitertanzen, -toben oder -spielen ...

## Vertiefung

**Vertiefungsübung:** Wir legen in der Einheit „Anspannung, Entspannung" großen Wert auf die Bewegung. Jetzt bewegen wir uns frei zur Musik, und wieder ertönt ein Gong oder ein Paukenschlag. Wir stehen gerade, atmen, plustern uns auf und werden immer größer und größer – bis wieder ein Signal erschallt. Dann werden wir allmählich kleiner, gelockerter, atmen aus, lassen die Luft heraus und den Atem fließen und rollen uns schließlich am Boden zusammen. Diese Übung kann verstärkt werden, indem wir zuerst Luftballons aufblasen und dann die Luft wieder entweichen lassen.

**Musiktheoretische Vertiefung:** Jetzt liegt der Schwerpunkt auf der Bewegungskoordination und auf der stimmlichen wie auch instrumentalen Begleitung. Wir setzen uns mit den Kindern zusammen und überlegen, wie wir unseren Spielplatztanz vertonen können, wann wir die Signale setzen und welche Instrumente zu welchen Spielstationen passen. Trommeln, Pauken, Glockenspiele: Wie sind sie beschaffen, wie klingen sie, welchen Eindruck vermitteln sie? Prinzipiell können auch Alltagsinstrumente zur Klangerzeugung verwendet werden. Unseren virtuellen Spielplatz haben wir bereits mit Schnüren, Tüchern usw. eingerichtet, und nun arbeiten wir daran, wie wir die einzelnen Stationen „vertonen“ wollen. Die Umsetzung an der frischen Luft, eventuell sogar auf dem Spielplatz, wäre ideal!

## 4.9 Lerneinheit

### Karussell und Schaukelpferd

**Ziel der Lerneinheit**

Spielerisch wollen wir unsere motorischen Fähigkeiten und unsere Raumwahrnehmung ausbauen. Kreative Haltungsübungen und zirkusreife Kunststücke trainieren unsere Balance und Geschicklichkeit. Im Mittelpunkt stehen zunächst die grundlegenden Fortbewegungsarten, also Laufen, Springen, Gehen, Trippeln, Krabbeln usw. Im zweiten Schritt folgen Mimik und Gestik, die viele Kinder ohnehin „automatisch" beherrschen. Gegen Ende der Einheit kommen schwierigere Sprünge, Drehungen und kreative Körperstellungen hinzu, aktiv oder auch in Ruhe verharrend. Die Übungen bekommen im Unterricht dadurch Farbe, dass wir kleine Inszenierungen, Spiele und Geschichten mit einbauen. Dieser inhaltliche Rahmen steigert den Wiedererkennungseffekt, und die Kinder können die Übungen bei entsprechender inhaltlicher oder musischer Begleitung beliebig oft wiederholen und beispielsweise auch an einem Elternnachmittag oder einem Elternabend vorführen.

**Materialtipp**

Chiffontücher, bequeme Kleidung, Bänder zum Schwingen, Yoga-Matten oder Handtücher, lange Seile für das Spinnennetz

**Grundthema**

Wir lernen auf spielerische Weise Haltungs- und Tanzübungen erlernen, die im Laufe der Zeit Balance, Geschicklichkeit und eine aufrechte Haltung verbessern. Teilweise werden unsere Übungen alleine oder auch in der Gruppe entwickelt, zur besseren Erinnerung wird jede Übung durch eine kleine Geschichte oder ein Rollenspiel abgerundet. Als musikalische Untermalung wählt der Kursleiter ein tanzbares Kinderlied aus oder Klassik – sogar „Schwanensee" und „Nussknacker" kommen bei vielen Kindern ungemein gut an! Einleitend verinnerlichen wir noch einmal die Bewegungsarten, d. h. wir hüpfen, springen, traben, kriechen, stampfen, gehen ganz ruhig usw. Dies variieren wir schnell, langsam, mit großen und kleinen Schritten, Hand in Hand oder ganz alleine. Dann halten wir inne, setzen uns in einen Kreis und erarbeiten Mimik und Gestik. Wir lachen uns an, schauen uns böse und traurig an, schneiden Grimassen und kommen schließlich zum eigentlichen Thema unserer Einheit, der Balance. Es gilt, mit beiden Beinen oder nur auf einem zu springen, wie ein Pferdchen, nach vorn, hinten und seitlich ... Wir drehen uns allein, zu zweit oder im ganz großen Kreis. Drehen kann man sich stehend, auf dem Bauch, auf einem oder beiden Beinen usw. Im Folgenden sind einige Bewegungsvarianten zu finden, die allesamt ausgebaut, variiert und mit vielen Musikstücken begleitet werden können.

**Grafik**
Wir malen ein Spinnennetz und ein Stück Schweizer Käse.

## Varianten

**Löcher in den Himmel „bohren“:** Wir liegen auf dem Boden, atmen tief durch und strecken die Arme himmelwärts. Aber wir können auch der Efeu sein, der am Haus emporrankt, oder weitere Rollen spielen, die uns einfallen ... Unser Strecken, Ranken und Wachsen ahmen wir zunächst mit den Beinen auf dem Boden liegend nach, kommen dann aber allmählich vom Liegen ins Sitzen, wobei jetzt unsere Arme ranken und in die Höhe wachsen. Schließlich stehen wir da, gerade und gestreckt, und „bohren“ mit den Armen Löcher in den Himmel! Diese Übung eignet sich als Pausenfüller oder auch als Anfangsübung, wenn die Gruppe recht unruhig ist.

**Schaukelpferdchen:** Wir stellen uns im Kreis auf und springen kontrolliert vor und zurück, landen jeweils auf einem Fuß; beim Vorspringen landen wir auf dem rechten Fuß und strecken die Arme vor, beim Zurückspringen landen wir auf dem linken Fuß und strecken die Arme nach hinten. Dies soll keine wilde „Hopserei“ werden, der kontrollierte Sprung ist wichtig!

**Purzeln, Rollen und Wiegen:** Zusammengekauert liegen wir auf dem Boden und kullern wie ein Ball in alle Richtungen. Dann wiederum wiegen wir uns auf dem Rücken vor und zurück, nach rechts und links, und als Abschluss tanzen wir zunächst frei, purzeln dann jedoch auf Kommando auf den Boden.

**Erste Paarübungen:** Wir nehmen unsere Seile und legen ein großzügiges Spinnennetz aus, wobei die entstehenden Zwischenräume so groß sein müssen, dass ein Kind sitzend hineinpasst. Zu einer fröhlichen Musik hüpfen wir von Zwischenraum zu Zwischenraum, mit beiden Beinen, auf einem Bein, stolzierend, auf allen Vieren usw. Nach dieser Übung versuchen wir, mit unseren Körpern ein Spinnennetz zu bauen. Wenn wir bald wild durcheinander und ganz verdreht auf dem Boden liegen, uns gegenseitig an Armen und Beinen fassen müssen, werden nicht nur unsere Bein-, sondern auch die Arm- und Bauchmuskeln beansprucht. Jeder Teilnehmer hat immer irgendwo Kontakt zum nächsten. Ein großes Netz entsteht, das nicht reißen darf – auch das erfordert höchste Konzentration!

## Vertiefung

**Vertiefungsübung „Paartanz“:** Wir bilden Paare, halten uns an den Händen und drehen uns. Ein Kind geht in die Hocke, das andere bleibt stehen und zieht anschließend den Partner hoch. Eine weitere Übung lässt uns eine an Fäden hängende Marionette nachempfinden. Ein Partner steht locker und aufrecht, der andere zieht an imaginären Fäden an Armen und Beinen, vorn am Bauch, hinten am Po usw., ein possierliches Schauspiel! Wir können unzählige Übungen zu zweit einplanen. Schließlich hüpft ein Partner über den anderen hinweg, kriecht unten durch, und wir können unsere Aktivitäten spiegeln. Dazu muss ein Partner alle Bewegungen, Gesten und Mienen des anderen exakt nachahmen, in Ruhe und hochkonzentriert.

**Musikalische Vertiefungsübung – „Polonaise“:** Nun ist Gruppenvergnügen angesagt! Wir stellen uns im Kreis auf, fassen unseren Vordermann an der Schulter und bewegen uns vor, zurück, schnell und langsam, schleichend, trampelnd, in der Hocke und schließlich langgestreckt, mit gestreckten Armen. Wir wollen in dieser Vertiefungsübung taktgebunden tanzen, marschieren und den jeweiligen Takt nach Vorgaben des Kursleiters stimmlich begleiten („A-A-A-A“, „B-B-B-B“, usw., und so üben wir gleich einmal das Alphabet durch). Als Spaßübung am Schluss bauen wir mit einigen Kindern einen Tunnel, durch den die anderen kriechen. Oder wir stellen mit den Kindern eine „Mauer“ auf, und die anderen Kursmitglieder dürfen darüber hinweg krabbeln! Bei dieser Übung ist die musikalische Untermalung sehr wichtig. Wir wollen den Takt spüren und stimmlich begleiten, also benötigen wir Lieder oder Stücke, deren Takt klar erkennbar ist!

# 4.10 Lerneinheit
## Zirkus Colori

**Ziel der Lerneinheit**
Die heutige Unterrichtseinheit hat das Ziel, die Grob- und Feinmotorik der Kinder zu verbessern, durch eine Gruppenaufführung das Sozialverhalten zu stärken und bewusste emotionale Wahrnehmungen kennenzulernen und einzuordnen. Die Kinder sollten gute Beziehungen zu anderen Kindern aufbauen, einander zuhören, einfache Anweisungen befolgen lernen. Auch erleben sie sich als Teil der Gruppe, in die sie sich einordnen, erfühlen Materialien und erkennen Farben.

**Materialtipp**
Bunte Schwungtücher, Faschingskostüme, Kuscheltiere, Girlanden, verschiedenfarbige Luftballons, mit deren Hilfe wir unseren Unterrichtsraum „manegentauglich“ aussehen lassen! Diese Stunde eignet sich nach ausreichender Vorbereitung und passender Gruppenbildung auch gut für eine Aufführung für die Eltern.

**Grundthema**
Mit unseren „zusammengetragenen“ Materialien bauen wir eine Zirkusmanege auf, in der wir dann unsere kleinen Aufführungen machen. Wenn die mitgebrachten Kuscheltiere zeigen, was sie können, werden sie von unseren jungen Künstlern begleitet, die Rhythmusinstrumente spielen. Anhand dieser lebhaften Untermalung lernen wir, je nach Kenntnisstand, verschiedene Instrumente, aber auch Klangfarben, Tonhöhen usw. kennen. Die Kinder entscheiden, welche Rollen sie übernehmen. Zu vergeben sind Tierrollen, die uns motorische und stimmliche Fähigkeiten abverlangen, und die Rollen der Artisten und Zauberer. Außerdem brauchen wir einen Clown, vielleicht Tänzer und einen Zirkusdirektor. Die Kinder organisieren die Gruppen, verteilen Aufgaben und planen die jeweilige Aufführung selbständig – eine anspruchsvolle Aufgabe, die das Sozialverhalten schult!

**Grafik**
Ein klassisches Zirkuszelt von oben gesehen, am besten farbig ausmalbar.

K 12
S. 189

## Varianten

**Der geheimnisvolle Clown:** Der Kursleiter oder eines der älteren Kinder verkleidet sich und lässt die Gruppe raten – es werden charakteristische Bewegungen, bekannte Tierlaute oder kleine pantomimische Vorführungen dargeboten.

**Zirkusorchester:** Wir verteilen die vorhandenen Instrumente bzw. Klangkörper durch Zublinzeln im Sitzkreis (Konzentration ist gefragt!). Nun wird mit diesen Instrumenten, gruppenweise oder alleine, frei musiziert. Wir lernen die Parameter laut/leise, langsam/schnell, lauter werdend/leiser werdend kennen und fühlen. Was macht laute Musik mit unserem Körper? Können sich die Gruppen so abstimmen, dass jede Gruppe ihre Spielzeit einhält?

**„Dance and Sing":** Nach kurzer Gruppenaufteilung bereitet jede Gruppe ein kurzes Tanz- oder Singspiel vor. Verkleidungen, Tücher und andere vorhandene Sachen können frei eingeplant werden. Wichtig ist die Zurschaustellung der eigenen Gefühle, für die es Mut braucht wie immer, wenn Kinder etwas Eigenes vorführen sollen. Die älteren Kinder können möglicherweise schon Bewegungen im Takt umsetzen – Musik frei wählbar!

**Wer dirigiert hier?** Wir lernen die Bedeutung eines Dirigenten für ein Orchester kennen. Musikalische Befehle können über Gesten oder Sprache erfolgen. Einige mutige Kinder können versuchen, die Gruppe musikalisch anzuleiten.

**Colori-Spaß:** Ein Schwungtuch wird ausgebreitet bzw. verschiedene, bunte Chiffontücher werden verteilt. Wir schwingen mit den vorhandenen Tüchern auf und ab, verstecken Luftballons unter den Tüchern oder lassen Luftballons auf den Tüchern tanzen. Der Kursleiter benennt Farben, die jeweiligen Farbgruppen reagieren. Die Anweisungen der Kursleiter können gesungen, gerufen oder geflüstert werden. Die Kinder müssen dabei genau hinhören. Natürlich dürfen auch Kinder die Funktion des Zirkusdirektors übernehmen.

## Vertiefung

**Vertiefungsübung:** Wir fördern die Fein- und Grobmotorik durch einen Reaktionstanz. Dazu bilden wir einen großen Kreis oder mehrere kleine Kreise, Paare, und bewegen uns ausgelassen – möglichst als Reaktionstanz auf Zuruf des Kursleiters. Der Kursleiter gibt die Tanzanweisungen; es werden Signale vereinbart, die wir als Anfang bzw. als Ende einer Aktivität beachten müssen. Als Variante können wir außerdem als Tausendfüßler durch die ganze Manege tanzen, so dass eine Polonaise entsteht.

**Musiktheoretische Vertiefung:** Wir lernen uns im Takt zu bewegen und zählen mit. „Eins-zwei-drei-vier" – immer schön regelmäßig! Wir klatschen, stampfen, winken im Takt. Die Musik dazu kann frei gewählt werden. Nur für den Anfang brauchen wir einen leicht erkennbaren Vierertakt. Die Viertelnoten kommen einem normalen Schritt gleich, die Achtelnoten ahmen wir als viele, schnelle Schritte nach („tip-tip-tip-tip"), die halben Noten sind wieder unsere „Bärenstampfer". Dazu könnte der Kursleiter als kleine Hausaufgabe eine Kopiervorlage vorbereiten, die den Kindern das Nachspuren der verschiedenen Notenwerte abverlangt.

# 5. Kapitel: Soziale Fertigkeiten

## Soziale und emotionale Kompetenzen

**Warum sind die sozialen und emotionalen Fähigkeiten unserer Kinder so wichtig? Warum kommt es auch bei diesem Aspekt der frühkindlichen Entwicklung häufig zu Auffälligkeiten im Verhalten? Und wie kann man möglicherweise gegensteuern?**

Wir erziehen unsere Kinder doch nach bestem Wissen und Gewissen, sind selbst einfühlsame Menschen, die meistens willens und in der Lage sind, auf andere Menschen Rücksicht zu nehmen. Warum sollten wir also das Verhalten unserer Kinder außerhalb des Elternhauses beeinflussen? Ist das überhaupt notwendig? Wenn wir doch selbst ehrlich und sozial kompetent sind – warum sollten wir die Persönlichkeitsbildung unserer Sprösslinge in Frage stellen? Stellen wir uns dadurch nicht selbst in Frage? Schon jetzt können wir vermuten, dass das Problem tiefer liegt ...

**Wie sieht unser Alltag aus?** Wir beobachten in unserem Umfeld, in der Presse und leider auch manchmal zu Hause immer häufiger auffällige Verhaltensweisen, Aggressionen oder auch gleichgültiges Verhalten. Schon im Kindergarten sind Rücksichtslosigkeit, Gleichgültigkeit und mangelnder Respekt gegenüber Menschen und Dingen an der Tagesordnung. Für diese Kinder ist einfach vieles nichts wert. Dinge, die von den Eltern hart erarbeitet worden sind und den Kindern in Form von Taschen, Jacken, Stiften usw. zur Verfügung stehen, werden nicht wertgeschätzt, sind auf einmal weg oder kaputt. Nun kann man sich natürlich fragen: Haben wir jetzt ein soziales Problem oder ist es einfach mangelnde Wertschätzung? Oder eventuell beides?

***Fallbeispiel***

*Justus, ein liebenswerter Junge, der aus einem – wie man so schön sagt – guten Elternhaus kommt. Zu mir und meiner Kollegin war er stets freundlich, teilweise etwas distanziert, ansonsten völlig „im Rahmen". Seine Mutter jedoch fiel uns auf. Sie kam immer wieder, suchte nach irgendwelchen Dingen, die der Sohn vergessen hatte. Im Laufe der Zeit erzählte sie uns, dass er viele Dinge aus der Schule nicht mehr nach Hause bringe, mal eben den Turnbeutel unterwegs verloren habe, die Brille samt Etui nicht mehr auffindbar sei, und so ginge das immer weiter. Ganz davon zu schweigen, dass die Eltern für diese Vergesslichkeit Hunderte von Euro aufbringen mussten!*

*Eines Tages bekamen wir sowohl von Justus' Eltern, als auch von Lehrern negative Rückmeldungen. Der junge Mann war so von sich überzeugt, dass er immer wieder Kursleiter, Pädagogen oder einfach Menschen, die es gut mit ihm meinten, beleidigte. Dabei hob er stets auf seine gute Schulbildung ab, betonte, dass er durch das intensive Lernen gut infor-*

*miert sei und daher viele Dinge einfach am besten wisse! Dieser Junge zeigt uns, dass soziale Auffälligkeiten nicht zwangsläufig mit schlechten Einkommens- oder Wohnverhältnissen einhergehen. Die landläufige Meinung, dass nur Kinder oder Jugendliche aus schlechten sozialen Verhältnissen auffällig würden, ist seit längerer Zeit widerlegt. Zynisch betrachtet könnte man auch sagen, dass sich Familien mit besserer finanzieller Ausstattung einfach die besseren Vertuschungstaktiken leisten können – von der Erziehungshilfe bis zum Internat. Objektiv gesehen konnte man bei Justus beobachten, dass er weder Dingen noch Menschen den notwendigen Respekt zollte.*

Betrachtet man die Gesamtheit dieser sozialen Entgleisungen, stellt sich die Frage: Wie können wir diesen sozial auffälligen Kindern einen gesellschaftlich kompetenten Weg ebnen, ganz unabhängig davon, welche Ausgangsvoraussetzungen sie haben?

Mit Sicherheit finden wir Zugang über das Gespräch mit den Eltern. Schon bei der Anmeldung der Kinder in einer Musik-, Kreativ- oder Fördergruppe sollte man genauer hinschauen. Es genügt nicht, als Kursleiter nur die Personalien aufzunehmen. Wir sollten – je nach Art des Kurses – mit dem Kind und den Eltern über den Entwicklungsstand des Kindes, die Motivation und die Erwartungen der Eltern sprechen. Sehr wichtig ist auch das Gespräch mit dem Kind, egal in welchem Alter der neue Schützling ist.

Ist uns das Kind bzw. der Schüler in der Gruppe schon negativ aufgefallen, sollten wir möglichst zügig und absolut zwingend nach der Ursache des Verhaltens suchen. Es ist uns allen klar: Die Kinder stehen morgens nicht auf und planen mutwillig die Schikane der Erwachsenen bzw. den Ärger mit Klassenkameraden. Oft ist es ihnen sogar bewusst, dass das eigene Verhalten nicht angemessen ist.

In unseren Lerneinheiten, die in verschiedene Richtungen zielen, versuchen wir die für die Heranwachsenden notwendigen Fähigkeiten gezielt zu fördern. Fähigkeiten, die unsere Kinder befähigen, die Schule, Kurse in der Freizeit, den Alltagsstreit auf dem Schulhof, die ersten Rangeleien im Kindergarten usw. zu bestehen. Die soziale und emotionale Leistungsfähigkeit und -bereitschaft bildet dabei die Basis. Sollten diese Kompetenzen nicht abrufbar, unterentwickelt oder schlichtweg nicht vorhanden sein, fühlen sich Kinder überfordert, in die Ecke gedrängt und somit unter Druck gesetzt. Im nächsten Schritt versuchen sie zu vermeiden, zu vertuschen, abzulenken oder werden einfach albern oder aggressiv – sie fallen uns auf, meist negativ. „Was ist das für ein Kind, hat es die Mutter nicht richtig erzogen?" „Dieses Kind muss gemaßregelt werden, nachsitzen, Strafen erhalten oder gehört einfach mal eingesperrt!" Ja, so schnell kann es gehen! Schon haben wir ein sozial auffälliges Kind.

Und das alles nur, weil ein Kind eine vorhandene Schwäche überspielt und keinen Ausweg mehr weiß. Es kommt häufig vor in unserer so heilen Welt der Übermütter, die Erziehungskurse belegen, sich beispielsweise an der Supermarktkasse etwas auf ihr perfektes Deutsch einbilden und ein Vorbild für die vielen anderen sein möchten, auch für diejenigen, die hinter ihnen an der Kasse stehen. Drängen wir unsere Kinder mit teilweise überzogenen Ansprüchen in eine Ecke? In eine Ecke gedrängt, reagiert der Mensch oft aggressiv ...

Um dem Phänomen auf die Spur zu kommen, müssen wir die möglichen Ursachen sozialer Anpassungsprobleme beleuchten. Diese Ausführungen haben keinerlei wissenschaftlichen Charakter, vielmehr sollen sie dem Leser oder der Leserin praktische Anregungen liefern, etwa um über die Erziehungs- und Alltagsprobleme in der eigenen Praxis nachzudenken und um eventuell auch Lösungsansätze zu entwickeln. Wie reagiert mein Kind, warum muss ich mich selbst ständig in Schule oder Kindergarten rechtfertigen? Wie ist es überhaupt so weit gekommen? Haben wir nicht alles für den Sohn oder die Tochter getan? Oder haben wir eventuelle Entwicklungen nicht beachtet oder verdrängt? Haben wir uns zu wenig gekümmert? Das ist dann meist der Punkt, an dem unser Leidensdruck immens hoch ist und wir bereit sind, viel Geld für Hilfe auszugeben ...

Was bedeutet es für einen Menschen, emotional bzw. sozial kompetent zu sein? Die emotionale Kompetenz ist von Natur aus bei jedem unterschiedlich ausgeprägt. Auch hat nicht jeder das gleiche Temperament oder kann z. B. schnell rennen. Es gibt jedoch festgelegte Grundkompetenzen, mit deren Hilfe wir die emotionale Kompetenz beschreiben können. Grundsätzlich sollte ein Kind eigene Gefühle erkennen, besser noch darüber sprechen sowie die Gefühle der Mitmenschen registrieren und zum Teil einschätzen können. Sich in die Spiel- oder Klassenkameraden hineindenken können und andere Meinungen und Gefühlsregungen akzeptieren können, die von den eigenen abweichen – das wäre eine gesunde Basis. Emotional kompetent zu sein bedeutet außerdem, empathisch zu reagieren, situative Abläufe abwägen zu können und – als Kind – nach außen hin einigermaßen überlegt handeln zu können. Mit der Zeit muss das Kind bzw. der Jugendliche erkennen, dass seine jeweiligen Reaktionen in der Gemeinschaft die Qualität seiner sozialen Beziehungen prägen. Dieser situativ angemessene Umgang muss eine emotionale und konsequenterweise auch kommunikative Basis haben, es genügt also nicht, dass wir Gefühle erkennen. Wir müssen sie auch mitteilen.

***Fallbeispiel***

*Wie schwierig es ist, die Ursache von emotionalen oder sozialen Defiziten zu lokalisieren bzw. persönliche Schwächen von Kindern dem einen oder anderen Bereich zuzuordnen zeigt uns das Beispiel von* ***Laurenz****, einem Kind „außer Rand und Band". Es verging kein Tag, an dem wir ihn nicht aus der Gruppe heraushörten oder an dem er nicht ein anderes Kind ärgerte (und damit auch die Erzieherinnen und Kursleiter). Im Gespräch mit der Mutter erfuhren wir, dass der häusliche Frieden durch Bestrafungen und Maßregelungen aufrecht erhalten wurde. Diese Aussage machte uns stutzig, so dass wir Laurenz beobachteten. Es fiel uns auf,* *dass er notwendige Verhaltensweisen in der Gruppe recht schnell übernahm, akzeptierte und auch gelegentlich in der Rolle des Gruppenverantwortlichen aufging. Er lobte sich dann meist selbst und leitete durch seine neugewonnene Vorbildrolle auch jüngere Kinder an. In unserer Gruppe war Laurenz ein scheinbar komplett anderes Kind als zu Hause. Mit jedem weiteren Tag stärkte Laurenz seine Gruppentauglichkeit. Er freute sich merklich auf seine Gruppe, reagierte mit jedem Tag empathischer und versuchte – wahrscheinlich unterbewusst – seine Erzieherinnen mehr und mehr zu unterstützen. Ein Sachverhalt war uns klar: In seinem häuslichen Umfeld konnte Laurenz (aus welchen Gründen auch immer) seine emotionalen und sozialen Kompetenzen nicht entwickeln. Er war für uns jedoch ein Paradebeispiel, das uns den Zusammenhang zwischen emotionalen und sozialen Fähigkeiten vor Augen führte. Wir konnten bei Laurenz zunehmend eine persönliche Entwicklung beobachten. Mit jedem Tag fand er sich in der Gruppe besser zurecht, schloss Freundschaften und ging in der Rolle des etwas älteren Helfers auf. Wir beobachteten ihn und konnten mit der Zeit nicht mehr explizit feststellen, welche Fähigkeiten er nun hinzugewonnen hatte. Waren diese nun rein emotionaler Natur oder waren es hinzugewonnene soziale Fähigkeiten? Seine Persönlichkeit rundete sich im Laufe der Monate immer mehr ab; er unterstützte die Gruppe, fühlte sich gut dabei und gab sein gutes persönliches Gefühl der Gruppe zurück, ein positives Geben und Nehmen. Warum dies zu Hause nicht möglich war, können wir bis heute nicht beurteilen. Leider (und wie so oft) brach der Kontakt zur Mutter nach Beendigung des Kurses ab, und wir konnten nur hoffen, dass wir Laurenz eine kleine Starthilfe für das häusliche Miteinander mitgegeben haben.*

Diese Ausführungen zeigen uns, dass wir die emotionale Kompetenz nicht ganz von der sozialen abkoppeln können. Die Bereiche gehen ineinander über bzw. bedingen sich gegenseitig. Die soziale Kompetenz zeichnet sich dadurch aus, dass Kinder und Jugendliche fähig bzw. bereit sind, sich in gegebene Rahmenbedingungen bzw. schwierige Situationen einzufügen. Im Gegensatz zu der emotionalen Kompetenz, die ursächlich in der eigenen Psyche verankert ist, geht die soziale Kompetenz eher von den nach außen hin gezeigten Fähigkeiten aus. Ein sozial kompetenter Mensch kann auch für ihn unpassende Rahmenbedingungen teilweise akzeptieren, Regeln und Anweisungen befolgen und umsetzen. Wir erkennen, dass die soziale Kompetenz zum Teil aus den emotionalen Fähigkeiten resultiert. Man könnte sogar sagen, dass ohne eine altersgerecht ausprägte emotionale Kompetenz keine qualitativ ausreichende soziale Leistungsfähigkeit möglich ist.

Nun zurück zur Praxis. Sie zeigt, dass wir – ganz unabhängig von allen leistungsbezogenen Forderungen in der Schule, der Kindertagesstätte oder Freizeitgruppe – die Grundfähigkeiten unserer Kinder stärken müssen. Das eigene Gefühl, das innere Ich (landläufig auch Bauchgefühl genannt), die Überwindung, über unser Gefühl zu sprechen. Wir sollten uns vergegenwärtigen, dass uns unsere Sinne nicht täuschen, sie helfen uns vielmehr, eine Grundrichtung im Alltag zu finden. Wir müssen wieder lernen, in uns hineinzuhören, Fragen zu stellen und Reaktionen abzuwägen. Unsere Kinder sollten – möglichst durch das Vorbild der Eltern und Geschwister – verstehen, dass es in jeder Woche unzählige Handlungsmöglichkeiten, Streitigkeiten oder Reaktionsmöglichkeiten gibt, die durch das Gespräch in der Gruppe oder zu Hause besser abgewogen und entschieden werden können. Es gibt Familien, in denen sogenannte Familienabende, Familienrunden oder Erzählstunden im Haushaltsplan stehen. Egal welchen Namen wir dieser kommunikativen Einrichtung geben: sie stärkt das eigene Handeln und somit die emotionale und soziale Kompetenz.

Die geschilderten Fälle zeigen Folgendes: Allen Beteiligten ist geholfen, wenn das Elternhaus, Schulen und andere Bildungseinrichtungen kooperieren. Es ist mit Sicherheit für viele Eltern und auch Erzieher (in diesem Fall „Miterzieher") nicht einfach, Konsequenzen, Reaktionen und andere Rahmenbedingungen abzustimmen, dabei stets ehrlich zu sein und gegenüber den Kindern zu handeln wie vereinbart. Dazu gehört Stärke und Kritikfähigkeit, die in der Praxis oft beiden Seiten abgeht. Nicht zu vergessen: der Mehraufwand, der durch Gespräche mit Schülern und Eltern entsteht. Eltern sollten sich nicht kritisiert fühlen, wenn Pädagogen Fragen stellen zu häuslichen Verhaltensweisen, Gewohnheiten zum Medienkonsum oder alltäglichen Ritualen. Ebenso sollten sich Pädagogen Fragen zur Vorgehensweise, zur Unterrichtsvorbereitung und zu sozialen Strukturen in Gruppen und Klassen gefallen lassen. Es darf keiner Seite zu viel sein, sich auch außerplanmäßig auszutauschen, nicht nur (wie geplant) zweimal im Jahr, sondern nach persönlichem Bedarf.

Der Dialog mit den Eltern sollte in keiner Weise eine Maßregelung sein; genauso wenig sollten Pädagogen rundum kritisiert oder zu sehr in die Erziehungsverantwortung gedrängt werden. Beide Seiten haben jedoch eine Schlüsselrolle bei der Persönlichkeitsentwicklung der Kinder und Jugendliche inne. An dieser Stelle sollten sich beide Seiten überlegen, welche Art der Förderung bzw. Erziehung angeraten ist und welcher Weg eingeschlagen werden soll.

Eine „gute" Erziehung sollte das Kind auf der einen Seite emotional respektieren und wertschätzen, andererseits muss Erziehung auch konsequent nach festgelegten Regeln von statten gehen. Eltern und natürlich später auch die Pädagogen müssen eine verantwortliche Autorität darstellen, die motiviert, kontrolliert, Fehler konstruktiv erklärt und Lösungsvarianten aufzeigt. Das Abwägen verschiedener Reaktionsmöglichkeiten – sozusagen das Aufzeigen des „goldenen Mittelweges" – muss das Ziel sein. Extreme Erziehungsstile erzeugen in der Regel auch extreme Reaktionen und sind somit nicht empfehlenswert. Vielmehr ist ein liebevoller, aber konsequenter und nicht überbehütender Erziehungsstil sicherlich ein Garant für das Hervorbringen eines emotional und sozial kompetenten jungen Menschen.

## 5.1 Lerneinheit
## Schneeflöckchen

**Ziel der Lerneinheit**

Eine Lerneinheit, die oft in der Vorweihnachtszeit behandelt wird, sollte die Gruppe emotional ansprechen, sie zusammenschweißen und natürlich heiter und unterhaltsam sein. Mit geeigneten Requisiten und der entsprechenden instrumentalen Vertonung kann das besondere Wohlgefühl am Ende der Stunde „mit nach Hause genommen" werden! Durch kreatives Tanzen fördern wir die Phantasie der Kinder; Gruppentänze lehren uns Rücksichtnahme und Empathie! In diesem intakten Sozialgefüge können das eigene Selbstbewusstsein und die individuellen Ausdrucksfähigkeiten wachsen. Kleine Basteleien schulen die Feinmotorik und verschönern den Raum. Natürlich sollte in dieser besonderen Jahreszeit das Singen nicht in den Hintergrund rücken – wir arbeiten an unserer Stimme; hierzu werden immer wieder charakteristische Winterklänge begleitet, Schneeflocken weggepustet und mitgebrachte Winterlieder gesungen!

**Materialtipp**

Verschiedene Instrumente, Chiffontücher, Wattebäusche, Winterdekoration, die die Mütter nicht mehr benötigen, Wasserfarben oder Wachsmalkreiden in den Farben Gold und Silber, Hellgrau und Hellblau, Styroporabfälle (Reste müssen allerdings danach weggesaugt werden!), Papier.

**Grundthema**

Den Einstieg gestalten wir in einem Sitzkreis. Alle Gegenstände, die wir zusammentragen konnten, werden in der Mitte des Kreises aufgebaut; eventuell können wir sogar einige elektrische Kerzen aufstellen und somit eine gemütliche Atmosphäre erzeugen. Das Thema Winter, Schnee, alljährliche Rituale in den Familien ... werden ausgetauscht und gegebenenfalls erklärt. Wir werden mit unseren Wattebäuschchen-Schneeflocken tanzen, balancieren und sie durch den Raum pusten. Gestalterisch kommen unsere „Kreativlinge" auf ihre Kosten indem sie verschiedene Schneeflocken ausschneiden und anmalen. Weihnachts- und Winterlieder können sowohl vom Kursleiter, als auch von den Eltern und Kinder eingebracht werden. In unserer musischen Vertiefung mimen wir ein Schneeorchester, das uns einerseits das lockere Schneegestöber, andererseits auch einen bedrohlichen Wintersturm vertont! Zum Abschluss bzw. zur Entspannung gehen wir auf eine kleine Märchenreise. Der „goldene Schlüssel" entführt uns in eine andere Welt und lädt zum Weiterfantasieren oder auch zum singenden Erzählen ein.

**Grafik**

Schneeflocken können die unterschiedlichsten Strukturen haben. Eventuell kann der Kursleiter (z. B. aus dem Internet) verschiedene Varianten ausdrucken? Wir werden sie entweder nachspuren oder selbst gestalten und mit den oben genannten Farben anmalen!

## Varianten

**Schneeflocke, tanz!** Der Kursleiter verteilt Chiffontücher – wir verkleiden uns damit als leichtfüßige Schneeflocken. Wir tanzen frei und leicht – wie Schneeflöckchen, die vom Wind hin und her geblasen werden. Als Variante werden zwei Windkinder ausgesucht, die durch Pusten und Blasen die Schneeflocken hin und her tanzen lassen! Die Leichtigkeit der Tücher ist wichtig, damit sie in der Bewegung mitschweben.

**Schneegestöber:** Wir legen alle Schneeflocken (Wattebäusche) auf zwei gegenüberliegende Linien und teilen die Kinder hinter den Linien auf. Nun wird um die Wette gepustet – bis sich die Schneeflocken in der Mitte treffen! Welche Pustegruppe war als erste an der Mittellinie? Diese Aktivität ist eine von vielen Stimmbildungsübungen – man lernt den eigenen Atem kennen.

**Lieder wandern ...** Jedes Kind darf ein Weihnachts- oder Winterlied vorschlagen. Die erste Strophe wird gemeinsam gesungen. Wenn der Text sitzt, lassen wir unser Wunschlied „wandern". Ein Kind oder der Kursleiter beginnt zu singen; ertönt ein Signal ist das nächste Kind im Kreis an der Reihe und knüpft nahtlos an. Diese Übung erfordert Konzentration und Textsicherheit!

**Winterklänge:** Welche Instrumente erzeugen Klänge, die zur Winterzeit passen? Der Tanz der Schneeflocken kann mit den hohen Tönen des Klavieres, eines Cembalos oder eines Glockenspieles gut vertont werden. Die Triangel für die Schneeflocken, das Becken für den Donner – wir orientieren uns an den vorhandenen Instrumenten, erklären den Kindern die Bezeichnung, Beschaffenheit und den Umgang mit dem jeweiligen Instrument.

## Vertiefung

**Vertiefungsübung – „Wintertanz":** Unser Wintertanz vereint taktgebundene Bewegungen mit der Balance unserer Schneeflocken. Dies ist eine außerordentlich schwere Übung für Kinder im Vorschulalter. Aus diesem Grund wird dieser Tanz in zwei Schritten eingeführt. Zuerst tanzen, schreiten, stolzieren oder laufen ... die Kinder im Takt – der Kursleiter gibt den Takt mit einer Handtrommel vor! Im zweiten Schritt kommen unsere Schneeflocken hinzu. Sie werden balanciert – auf dem Kopf, den Handflächen, auf dem Handrücken oder auf der Schulter. Sich taktgebunden zu bewegen und die Wattebäusche zu balancieren oder sogar schweben zu lassen ist eine Übungssache. Wen diese Übung überfordert, der kann auch nur eine

Anforderung einüben. Als musische Untermalung eignet sich klassische Musik, z. B. Ballettmusik wie „der Nussknacker" ...

**Musikalische Vertiefungsübung – „Schneeorchester":** Die Klangvielfalt der Instrumente wurde bereits besprochen. Nun kommen sie zum Einsatz! Drei oder vier Instrumentalgruppen wählen ihre Wunschinstrumente aus und üben sich ein. Dazu gehört taktgebundenes Musizieren in verschiedenen Lautstärken, schnell und langsam, legato oder staccato, immer lauter und wieder leiser – die musikalischen Begriffe einzuführen, schadet nicht. Der Takt kann – zur Sicherheit – wieder mit einer Handtrommel vorgegeben werden. Nach dem Einspielen wird gemeinsam musiziert. Der Dirigent gibt mit einem Stab die Einsätze vor. Die Kinder müssen exakt nach den Vorgaben des Dirigenten spielen. Dazu gehört Konzentration und Reaktion! Sehr große Gruppen können zusätzlich noch eine Tanzgruppe bilden. Diese Übung kann bis zur Weihnachtsfeier exakt koordiniert werden. Der Umgang mit den Instrumenten muss eingeübt werden – ebenso wie die Taktgebundenheit und die Umsetzung der Anweisungen des Dirigenten. Mit der selbstgebastelten Dekoration entsteht eine „runde" Aufführung für die Eltern!

## 5.2 Lerneinheit

### Ich bin sauer!

**Ziel der Lerneinheit**

Um emotionale und soziale Fähigkeiten zu entwickeln, müssen wir uns selbst kennenlernen, einschätzen lernen und in uns „hineinhören" können. Gute und schlechte Gefühlslagen müssen erkannt und bewertet werden. Wir sollten unsere Reaktionen und den Umgang mit unseren Mitmenschen anpassen lernen, traurige Gefühle zeigen und natürlich auch Freude und Lust! Unsere Gefühlslagen werden wir mit einem Rollenspiel umsetzen, somit unsere körperliche Wahrnehmung verbessern und bei Spiel und Tanz den Raum kennenlernen. Wir werden uns bewegen, sprechen und spielen – dabei fördern wir die Sprachfähigkeit. Dies ist mit Sicherheit schon ein Beitrag, um späteren Lernschwierigkeiten vorzubeugen; Kinder mit guten Sprachfähigkeiten lesen und schreiben schneller und besser. Dies ist ein Nebeneffekt, soll uns jedoch nicht von unserem eigentlichen Lernziel ablenken. Die eigenen Gefühlslagen zu erkennen, und entsprechend zu reagieren, ist selbst vielen Erwachsenen nicht möglich – umso besser, wenn schon unsere Kinder anfangen, daran zu arbeiten!

**Materialtipp**

Pappen, Wasserfarben, Krepppapier, Herz- und Blitzmotiv (siehe Grafik)

**Grundthema**

Wir befassen uns mit Gefühlen und Ängsten und dem notwendigen Mut, sich manchmal zu überwinden; dies sollten wir mit einem Kreisgespräch einführen. Wie fühlen wir uns heute? Gut oder schlecht? Und warum? Der Kursleiter erzählt eine kurze Geschichte von den Riesen, die im Wald leben, und den kleinen Zwergen, die auf der anderen Seite des Flusses auf einer Anhöhe wohnen. Die Riesen trampeln singend durch den Wald, die kleinen Zwerge huschen von Baum zu Baum und passen „höllisch" auf, dass sie nicht gesehen werden! Hier können sich zwei Gruppen bilden, welche die charakteristischen Bewegungen, Grimassen und Gesten machen (vorher üben!). Das Thema wird umso spannender, wenn der Kursleiter einige Requisiten einsetzt. Dann sehen die Zwerge wie Zwerge und die Riesen wie Riesen aus! Ziel dieses Rollenspieles ist nicht nur die aktive Umsetzung der Geschichte, wir wollen auch auf die Gefühle der starken Riesen und der schwachen Zwerge eingehen, sie im Anschluss auf uns übertragen, Rückschlüsse ziehen und gute Vorsätze für unseren Schul- oder Kindergartenalltag fassen!

**Grafik**
Wie sieht der Wald der Riesen und Zwerge aus? Auch hier können wir auf Ausmalbilder ausweichen. Wir können uns auch etwas aus Requisiten basteln, die wir bei unseren Elterntagen dekorieren können! Hier bieten sich als Reaktionssignale ein großes rotes Pappherz und ein dunkelgrauer Blitz an.

## Varianten

**Eine „riesige" Geschichte:** Die Riesen stampfen durch den Wald, strecken und recken sich, und brüllen laut: „Wir sind die Riesen!" Die kleinen Zwerge wuseln, huschen, hüpfen und springen – wir hören sie nicht! – die lautlosen Gesellen huschen hin und her und verstecken sich in den Ecken und hinter den Bäumen (Tipp: drei Regenschirme mit darübergelegten Tüchern vermitteln uns den Schutzcharakter eines Baums). Da ruft ein Riese: „Was seh' ich denn da?" Das ist das Signal für die Zwerge, sich zu verstecken. Der nächste Riese brüllt: „Da war doch nichts, lasst uns weiterziehen!" Das nehmen die Zwerge als Zeichen, um aus ihren Verstecken zu kriechen und zwergenleise weiterzutanzen.

**Individuelle Varianten des Spiels:** Ideen der Kinder können wir mit einbauen! Wichtig ist die spürbare Abwechslung zwischen der eher dominanten, lauten Rolle der Riesen und der unbeschwerten Lautlosigkeit der Zwerge. Diese huschen, schleichen, verstecken sich hinter Bäumen und sind kaum hörbar. Diese Rolle muss erlernt werden. Wir sprechen über das Gefühl, das sich mit der Zwergenrolle einstellt. Die Riesen wiederum stampfen, brüllen, fuchteln mit den Armen und sind einfach unmöglich! Schließlich wollen wir auch von ihnen wissen: Was fühlen wir nach diesem „Riesenauftritt"?

**Und wie geht die Geschichte weiter?** Was kann im Wald, an dem kleinen Fluss und auf der Anhöhe noch passieren? Die Kinder setzen sich in kleinen Gruppen zusammen, überlegen sich Angewohnheiten, denken sich Beschäftigungen und Gesänge der Zwerge aus. Diese werden dann nachgespielt. Der Kursleiter begleitet auf dem Klavier. Er spielt laut und leise, mit ganz tiefen Tönen laut und polternd und dann wieder mit hohen Tönen schwerelos und leise.

## Vertiefung

**Vertiefungsübung „Wie geht es mir heute?":** Zwar ist das Rollenspiel „Zwerge und Riesen" recht unterhaltsam, aber wir sind damit noch nicht am Ziel. Es ist gut, dass die Kinder ihre Gefühle ausleben können und dass die Gruppenmitglieder das Erlebte als angenehm oder als unterhaltsam empfinden oder es eventuell auch ganz ablehnen. Ziel der Lerneinheit war jedoch unser eigenes Gefühlsempfinden. Daher setzen wir uns in einen Teppichkreis, sprechen der Reihe nach über die Gefühle, die das Rollenspiel mit sich gebracht hat. Im Anschluss daran machen wir eine aktuelle Gefühlsrunde: Wie geht es uns heute? Warum hat der Tag gut oder schlecht angefangen? Haben unsere Freunde etwas von unserer emotionalen Tagesform bemerkt? Hier kommen jetzt unsere Herz- bzw. Blitzschilder zum Einsatz. Wir sitzen wieder im Kreis und beurteilen unsere Kameraden. Der Kursleiter ruft beliebig Namen auf. Die Kinder schätzen ihre Freunde ein und heben spontan eine Herz- oder Blitzkarte. Die Herzkarte symbolisiert einen positiven, freundlichen Tageseindruck, die Blitzkarte dagegen eher einen genervten, negativen. Wenn möglich nimmt das „betroffene" Kind dazu Stellung. Kein leichtes „Outing" für Kinder im Vorschul- oder Grundschulalter!

**Musiktheoretische Vertiefung – „Instrumente senden Gefühle!"**: Natürlich wollen wir unsere musische Ausrichtung nicht ganz vernachlässigen. Vorhandene oder mitgebrachte Instrumente werden nach Klang, Lautstärke und Gefühlseinschätzung sortiert. Welche Instrumente klingen hell, heiter und freundlich? Gibt es auch Instrumente, die dumpf, leise, traurig klingen? Alternativ kann der Kursleiter auch Musikstücke aussuchen und sie vorspielen. Dann muss die Kinderjury wieder die Herzkarten oder Blitzsignale heben! Ideal wäre ein vorbereitetes Musikpotpourri, bei dem die Kinder spontan signalisieren, welche Gefühle sie bei welcher Musik haben! Dies ist eine Wahrnehmungsübung, bei der wir unser „Gefühlskostüm" wieder einmal besser kennenlernen ...

## 5.3 Lerneinheit
# Wer will fleißige Handwerker sehen?

**Ziel der Lerneinheit**

Der Beruf der Eltern, die eigenen Neigungen und vielleicht sogar der spätere Wunschberuf der Kinder bieten unzählige Ansatzpunkte für den Unterricht. Abwechslungsreiche Tätigkeiten, Geräusche und Bewegungen motorisch nachzuahmen ist für die Kinder immer interessant, ebenso der Gedankenaustausch. Beides gibt Gelegenheit, sich kennenzulernen und die verbale und nonverbale Kommunikation zu trainieren, unterstützt durch kreative Anregungen des Kursleiters. Die Darstellung der Berufe bzw. des jeweiligen Umfeldes erlaubt es uns, mit Instrumenten zu experimentieren, durch pantomimische Präsentationen selbstbewusst zu agieren und einen bisher unbekannten Teil unseres Alltagslebens abzubilden. Dies hilft den Kindern, sich sozial zu integrieren, ihre Mitmenschen besser einschätzen zu können und somit Vorurteile abzubauen. In Vorbereitung auf die Grundschulzeit lernen sie verschiedene Berufe kennen, die dazugehörenden Tätigkeiten und eventuell auch deren problematische Randbedingungen. Insgesamt also ein wertvoller Beitrag für das Miteinander, so dass die Kinder informiert und vorurteilsfreier in ihr Schulleben starten können!

**Materialtipp**

Mit einer Bitte an die Eltern versuchen wir charakteristische Gegenstände für die Berufsbilder zu sammeln (z. B. ein Kochlöffel für den Koch, ein Malerkittel und Pinsel für den Maler, ein Taschenrechner für den Bankangestellten, ein Spielzeugnotarzt und einen kleinen Arztkoffer für den Arzt oder die Krankenschwester usw.). Wachsmalkreiden und Papier, Seile, Tische und Stühle sind meist vorhanden.

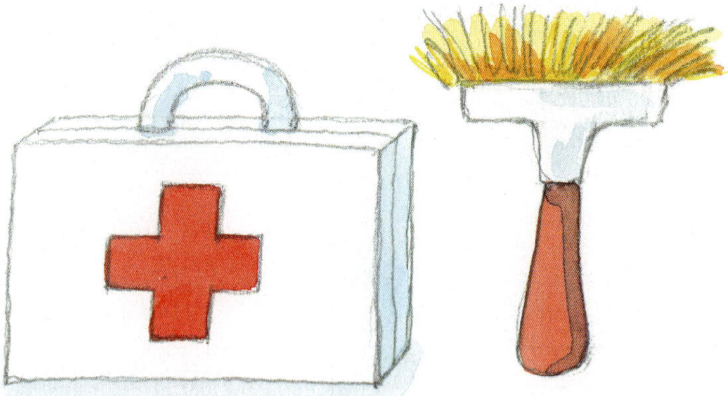

**Grundthema**
Das heutige Thema kann sehr breit aufgefächert werden oder sich nur auf ein begrenztes Tätigkeitsumfeld konzentrieren. Grundsätzlich gibt es vielfältige Berufsbilder an vielen Orten, z. B. in der Stadt, auf dem Bauernhof, im Kaufhaus, auf dem Meer, im Zoo, in der Schule usw. Das bessere Kennenlernen und Einschätzen der Kameraden ist jedoch eher gewährleistet, wenn die Kinder Eindrücke aus der eigenen Familie kundtun können; dadurch kommen wir auch dem Anspruch der Förderung sozialer Fertigkeiten nach. Können unsere Kinder schon die Berufe der Eltern benennen, oder erzählen sie eher auf kindliche Art und Weise von den Tätigkeiten? Wir wollen uns in dieser Einheit gegenseitig kennenlernen und erzählen, charakteristische Bewegungen vorführen, Probleme und Risiken der einzelnen Berufe erarbeiten usw. Um unsere Phantasie anzuregen, dürfen wir auch von unseren Wunschberufen träumen!

**Grafik**
Jedes Kind malt den Vater oder die Mutter bei der Arbeit – in diesem Fall kann man die „Malarbeit" der Kinder am Anfang einflechten, dann ist das Raten der Berufe spannender!

## Varianten

**Heiteres Beruferaten:** In einem Sitzkreis dürfen alle Kinder, die es sich zutrauen, den Beruf des Vaters oder der Mutter pantomimisch vorführen (mit oder ohne Hilfsmittel). Es wird geraten ... Wir sollten allerdings Diskussionen über den Arbeitsort der Eltern, das verdiente Geld usw. vermeiden. Schließlich kann und muss ein Beruf nicht zu jeder Zeit ausgeübt werden, beispielsweise sind Mütter/Väter trotz ihres erlernten Berufes auch manchmal zeitweise zu Hause. Was wir jedoch fördern sollten, ist das Gespräch über Besonderheiten, wie etwa Risiken (eventuell bei gefährlichen Berufen oder im Schichtdienst). So kann z. B. ein Thema sein, dass der Vater Schutzkleidung tragen muss, nur nachts arbeitet, die Kinder helfen müssen oder andere Einschränkungen, die sich im Alltag für die ganze Familie bemerkbar machen.

**Ganz klassisch – das Lied von den fleißigen Handwerkern:** Das alte Kinderlied lädt auf musische Art und Weise zum Sägen, Schneiden, Streichen, Nähen usw. ein. Den Text und die Melodie kann jeder Kursleiter leicht besorgen, und wir können mit melodischer Untermalung verschiedenartige Tätigkeiten motorisch erarbeiten. Der Kursleiter bricht das Lied jeweils vor der nächsten handwerklichen Tätigkeit ab, so dass die Kinder bei guter Konzentration dann schon den nächsten Beruf im Lied nennen können.

**Verabschieden!** Eine Idee zum Abschluss der Stunde: Die Schüler stellen sich in einer Reihe auf, jedes Kind geht einmal zur Tür und zeigt nochmals seine Pantomime. Die restlichen Kinder rufen „Tschüss, Feuerwehrmann (Polizist, Bäcker usw.), bis nächste Woche!" Eine lustige Aktion, die den schon wartenden Eltern einen kurzen Einblick in unsere Arbeit gewährt.

## Vertiefung

**Vertiefungsübung – „Die kleine Stadt":** Der Raum wird in drei oder vier Bereiche eingeteilt, in denen jeweils ein Beruf ausgeführt wird. Um diese Bereiche erkennbar aufzuteilen, können Stühle entsprechend gestellt, Tische verrückt oder auch Seile gespannt werden. Orientiert an der Anzahl der „Berufsstationen" werden Kinder ausgewählt, die diese betreuen. Nun bewegen sich die restlichen Kinder durch die Stadt und nehmen die Angebote wahr. An jeder Berufsnische müssen die charakteristischen Handbewegungen mit vorhandenen Gegenständen ausgeführt werden, die Kunden müssen begrüßt werden und nach ihrem Wunsch gefragt werden; soziales Miteinander wird hier ganz nebenbei trainiert! Auch die Art der Fortbewegung sollte geregelt werden. Sind Requisiten vorhanden (Obst und Gemüse beim Händler ...), ist das Stadtspiel noch eindrücklicher.

**Musikalische Vertiefung – „Die Klangvielfalt der Instrumente":** Wo sich Freunde und Nachbarn treffen, wird geplaudert und gelacht! Das werden wir mit verschiedenen Instrumenten untermalen. Nachdem wir uns in der vorhergehenden Übung nur stimmlich begrüßt haben, werden wir uns jetzt ausschließlich mit unseren Instrumenten unterhalten. Wir gehen an einen beliebigen Stand und geben eine Melodie vor, der Partner versucht in der gleichen Stimmung zu antworten. Freundliche Klänge sollten heitere Klänge zur Antwort bekommen; unzufriedene Kunden, die bedrohlich klingen, bekommen in diesem Fall auch dominante Klänge „zurück". Im wahren Leben muss man natürlich auch auf unzufriedene Anfragen freundlich reagieren, aber hier handelt es sich um die Einschätzung der emotionalen Gefühlslagen und deren Umsetzung. Die Wahl der Instrumente ist frei: Glockenspiele, Triangeln und Flöten klingen eher hell und freundlich, Klangstäbe, Holzxylophone etwas gedämpfter, und das Becken oder gar ein Blechblasinstrument kann aggressiv wirken. Auf diese Weise wollen wir mal sehen, wie sich die Stadtbewohner unterhalten ...

# 5.4 Lerneinheit
## Das Singsang-Orchester

### Ziel der Lerneinheit

Immer noch unter dem Hauptthema der sozialen und emotionalen Fähigkeiten werden wir heute eine Einheit bearbeiten, die uns Mut und Überwindung in der Gruppe abverlangt und durch das Überschreiten von persönlichen Grenzen unerwartet viel Spaß und Kreativität bietet! In unserem Exkurs konnten wir nachlesen, dass emotionale und soziale Kompetenzen nicht automatisch von Geburt an vorhanden sind. Unabhängig davon, dass jedes Kind unterschiedliche Ausgangsvoraussetzungen hat, wollen wir die Kinder an „ihrer persönlichen Schwelle“ abholen, sie zum ausgelassenen Umgang in der Gruppe animieren und dadurch ihr Selbstbewusstsein stärken. Bildhaft gesprochen könnte man diese Entwicklung bei zurückhaltenden Kindern auch als Befreiung aus ihrem persönlichen Schneckenhaus sehen: Sie sollen Stück für Stück mit jeder Übung die eigenen, ungeahnten Möglichkeiten erschließen und somit ein wenig soziale Kompetenz hinzugewinnen ... Positiver Nebeneffekt ist das Ausprobieren der eigenen Stimme und somit der Einstieg in die Stimmbildung der Kinder.

### Materialtipp

Leichte Kinderlieder, Singbücher der Kinder, ein Glockenspiel, eine Triangel, eine Mütze oder Kappe. Eventuell auch einige kleine Verkleidungsrequisiten: ein Umhang, ein Zauberstab, ein auffälliger Hut oder Ähnliches; ein Aufnahmegerät.

### Grundthema

Wir beginnen mit einer Gesprächsrunde. Was fällt uns denn schwer, wenn wir vor der Gruppe oder unserer Klasse stehen? Ist es schön, wenn die Mutter für den Geburtstag von Oma oder Opa Gedichte oder Lieder einüben möchte, die man dann auch noch vortragen muss? Alle diese „Ereignisse“ haben etwas gemein: Der Blutdruck steigt, wir werden unsicher und zittern und wollen uns am liebsten in einem Schneckenhaus verstecken! So kommen wir aber nicht weiter, daher werden wir als Einstieg einige unterhaltsame Übungen absolvieren, die uns zumindest die Angst vor unserer Gruppe nehmen. Das Sing-Sang-Orchester wird sich in der folgenden Einheit nicht sprechend, sondern ausschließlich melodisch singend unterhalten. Mit jeder Übung gewinnen die Kinder an Sicherheit, die Hemmschwelle, vor anderen etwas zu präsentieren, sinkt und wir lernen (quasi im Nebeneffekt) unsere eigene Stimme kennen. Zudem werden wir unsere Stimmen vergleichen, die anderen Kinder an der Stimme erraten und uns, wenn möglich, gegenseitig aufnehmen. Die eigene Stimme von einem Tonträger zu hören, wird für die Kinder recht ungewohnt sein (generell können alle Aktivitäten aufgezeichnet werden, das spätere Anhören erhöht in jedem Fall den Lerneffekt!).

**Grafik**
Auf einer großen Papiermalbahn werden verschiedene Notationen aufgemalt (Vorschlag: Schlangenlinien, Punkte, Striche). Nun versuchen wir, ganz spontan und ohne Vorbereitung, diese Notationen zu singen. Optimal ist der Lerneffekt, wenn die Kinderstimmen aufgezeichnet, danach angehört werden und parallel dazu ein Stift die notierten Vorgaben „mitfährt“!

## Varianten

**... mal eine andere Art der Begrüßung!** Wir treffen uns wie immer, nehmen im Sitzkreis Platz, erzählen, wie es uns geht und besprechen, was wir denn heute gerne tun würden. Und doch ist heute etwas anders: Alles, was wir sagen wollen, tragen wir singend vor! So muss die erste Hemmschwelle überwunden werden, und aus diesem Grund beginnt auch der Kursleiter und geht mit gutem Beispiel voran! Es soll keine neue Melodie erfunden werden, die musikalischen Begrüßungen sollen mehr oder weniger spontan gesungen werden, die Tonfolge ist beliebig, z. B. „Hey, Kinder – wie geht es Euch?“ – „Danke, uns geht's heute ganz prima!“ – „Was wollt ihr heute tun?“ – „Wir sind heute so müde und schlapp, essen und schlafen wäre besser“ – „Wie wäre es mit Singen und Tanzen?“ – „Muss das sein? Nein, nein ...“ usw.

**Tagesschau:** Sich vor einer Gruppe zu präsentieren, kostet Überwindung. Jedes Kind darf einmal auf dem Stuhl des Nachrichtensprechers Platz nehmen und die wichtigen Themen seines eigenen Tages vortragen. Dies darf gesprochen, aber auch gerne gesungen werden. Der Inhalt ist zweitrangig, wichtig sind die Präsentation, der Blick (der Vortragende soll der Gruppe ab und zu in die Augen schauen) und eine sichere Stimme. Diese Übung ist durchaus auch als Schulvorbereitungsübung zu sehen.

**Marktschreier:** Wir erklären den Kindern zuerst, was ein Marktschreier ist. Der Kursleiter sollte einfach den Anfang machen und Äpfel, Birnen usw. anpreisen. Dann sind die Kinder an der Reihe. Jedes Kurskind überlegt sich Gegenstände, Lebensmittel, Spielsachen usw., die es anbieten möchte. Diese Übung wird mit lauter Stimme und stehend absolviert.

**Wer summt, brummt, singt den Ton am längsten?** Wir vereinbaren einige stimmliche Beispiele und versuchen, diese Töne möglichst lange zu halten. Das ist Übungssache und hängt natürlich auch vom Lungenvolumen der Kinder ab. Wenn alle Kinder mitmachen, ist der letzte Sänger der Singkönig!

## Vertiefung

**Vertiefungsübung – Wen höre ich da?** Wir sitzen im Kreis und ziehen unsere Mützen über die Augen. Nun geht der Kursleiter durch die Runde und tippt einem beliebigen Kind auf die Schulter. Dieses Kind gibt einige Stimmproben ab, die anderen Gruppenmitglieder müssen erraten, wer es war! Es können verschiedene Raterunden gespielt werden (Tierstimmen, Alltags- oder Autogeräusche, das Singen des Lieblingsliedes oder einfach – zur Wiederholung – die Tagesnachrichten). Diese Aktivität kann auch vorgezogen werden, wenn die Kinder sehr zurückhaltend und gehemmt reagieren. Durch das Überziehen der Mützen sinkt die Hemmschwelle garantiert. Die Kinder schulen ihre Hörwahrnehmung und die eigenen Stimmen sehr intensiv, schließlich fallen alle visuellen Reize und Ablenkungen weg.

**Musiktheoretische Vertiefung – Flugzeugstart:** In unserer musischen Übung werden wir alle vorhandenen Instrumente aufbauen. Vorbereitend übt die Gruppe den Start des Flugzeuges und zwar mit den eigenen Stimmen. Wir imitieren das (leise) Rollen auf dem Flugfeld, das Anlaufen der Turbinen (immer lauter werdendes Getöse), die Beschleunigung beim Start und das Abheben des Flugzeuges (ein plötzliches leises Schweben). Dies wird im zweiten Schritt mit den Instrumenten begleitet. Der Kursleiter sollte das Crescendo und Decrescendo mit den Kindern besprechen und auch den Begriff erklären.

# 5.5 Lerneinheit
## Der Tag beginnt

**Ziel der Lerneinheit**

Jeder Tag benötigt eine Struktur, einen Rahmen, den wir mit verschiedenen Tätigkeiten füllen. Der Morgen, die Mittagszeit und der Abend sind gefüllt mit Eindrücken, Plänen, unterhaltsamen und weniger geliebten Tätigkeiten. Die Kinder kommen zwar nicht bereits durchstrukturiert und „verplant" auf die Welt, benötigen später aber einen geregelten Tagesablauf mit einem ausreichenden Freiraum für Schlaf, sorglose Spiele usw. Im ersten Schritt interessiert uns die Zeit nach dem Aufstehen bzw. Aufwachen: Was hören und spüren wir morgens, welche Erwartungen werden an uns gestellt? Im Anschluss daran kümmern wir uns um die Wahrnehmungen außerhalb der Wohnung, auf dem Weg in die Kindertagesstätte, Schule usw. Die Lerneinheit wird mit allen Sinnen erarbeitet und spricht die sensitive Seite der Kurskinder an, ihre Hörwahrnehmung und nicht zuletzt auch die kommunikativen Fertigkeiten.

**Materialtipp**

Alltagsdinge (Töpfe, Bürsten, Kaffeebecher), die man morgens in einer Wohnung hört. Es können ganz kleine Dinge sein: Kinder nehmen manchmal andere Geräusche wahr, etwa eine Spielzeugeisenbahn – und vielleicht fährt die Bahn ja am Haus vorbei? Kreppbänder und Seile, Elementarinstrumente, eine Tafel oder Malpapierrollen. Fast jeder Kursleiter hat Aufnahmen von Alltagsgeräuschen, auch diese ergeben ein interessantes Ratespiel!

**Grundthema**

Unsere Geräuschkulisse am Morgen beginnt mit dem Wecker oder der Kaffeemaschine, eventuell hört man auch Vogelgezwitscher, die Haustür des Nachbarn, einen kläffenden Hund oder den Lärm der Autos vor dem Fenster. Vielleicht singt auch der Papa unter der Dusche? Wir besprechen alles, vertonen die Geräusche und stellen sie dar. Der Weg nach draußen, alleine oder mit den Eltern, bietet weitere Eindrücke, Gerüche, Geräusche und Bilder. Die täglichen Wege, aber auch Autos und Straßenbahnen sind für Kinder ein interessantes und mitunter gefährliches Umfeld. Indem wir es beleuchten, bietet sich den Kindern die Möglichkeit, sich im Haushalt und auf den Straßen aufmerksam zu verhalten, sich zum eigenen Schutz zu konzentrieren und wohlbehalten jeden Tag zu meistern!

**Grafik**
Ausmalmotive alltäglicher Geräuschquellen

K 13
S. 190

## Varianten

**Der Tag beginnt!** Wir beginnen mit folgendem Tageseindruck:

*Ring-ring ... Das ist der ... Wecker!*

*Zi-zi-be,zi-zi-be ... Das ist ein ... Vogel!*

*La-La-la, la-la-la ... Das ist ... Papa unter der Dusche!*

*Blubb-blubb-blubb ... Das ist die ... Kaffeemaschine!*

*Klapp-klapp-klapp ... Das ist der ... Briefkasten!*

*Plapper-plapper-plapper ... Das ist die ... Nachbarin!*

Dieses Spiel lässt sich beliebig variieren, der Kursleiter kann die Laute vorgeben und die Kinder vollenden den Satz. Die Übung kann außerdem auch direkt mit entsprechenden Elementarinstrumenten gestaltet werden.

**Geräuschemacher!** Wir experimentieren mit Geräuschen. Im Vorfeld sollten die Kinder Alltags-Geräuschemacher mitbringen, und der Kursleiter kann natürlich seinerseits Töpfe, Kochlöffel, Bürsten, Dosen oder Gläser beisteuern. Nun lernen wir viele unterschiedliche Geräusche kennen, ordnen sie unserer Wahrnehmung zu und versuchen, einen „typischen Morgen" darzustellen! Früh am Morgen liegen natürlich noch alle Kinder auf dem Boden, recken und strecken sich, rufen allesamt nach der Mama (oder auch nicht ...) und dann beginnt das Geräuschkonzert!

**Eine Partitur entsteht:** Wir malen eine Stadt, die aufgehende Sonne und viele kleine Häuser auf eine Papiermalbahn. Das Zeichnen der Häuser bereitet selbst sehr jungen Kindern keine Probleme. In jedes Haus wird ein Gegenstand gemalt, der ein bekanntes Geräusch macht. Schließlich entsteht eine Partitur, eine Geräuschabfolge. Wenn wir diese Übung erweitern wollen, sollten wir unter jedes Haus das passende Instrument malen. Diese Variation ermöglicht bereits einen direkten Bezug zu vorhandenen Instrumenten und deren Klangcharakteristik.

## Vertiefung

**Vertiefungsübung:** Wir sprechen mit unseren Kindern über unsere Stadt, den Weg zur Kindertagesstätte oder zur Schule. Gehen wir alleine oder in einer Gruppe? Straßen sind gefährlich, manchmal breit mit vielen Spuren, manchmal ganz eng, und man sieht nichts! Es gibt ganz gerade, glatte Straßen in neuen Stadtteilen, in der

Altstadt jedoch sind sie ganz uneben, holprig und eben alt. Welche Straßen kennen die Kinder, welche Stadtteile, und wie fühlen sich die Kinder, wenn sie – vielleicht schon alleine – unterwegs sind? Wir legen mit unseren Kreppbändern oder Seilen eine kleine Stadt aus: große und kleine Straßen, welche, die von beiden Seiten durchgängig sind und welche, die eine Sackgasse (erklären!) bilden. Zu einer leichten musikalischen Untermalung bewegen wir uns auf den Straßen und grüßen einander, wenn wir uns begegnen! Die Kinder sollten nicht zusammenstoßen, das wäre ein Verkehrsunfall! Wenn das geschieht, müssen beide Kinder ausscheiden ... Wer ist am Schluss noch auf unserer Straße unterwegs??

**Musiktheoretische Vertiefung:** Das aufgebaute Straßensystem muss noch einmal herhalten! Wir bewegen uns, diesmal mit instrumentaler Untermalung, in unseren Straßen. Auf den großen bewegen wir uns rascher, vergleichbar mit den Schlägen von Achtelnoten. Die kleineren Straßen oder Sackgassen werden langsamer befahren, vergleichbar mit den Schlägen von Viertelnoten. Wenn wir angehalten werden (Rolle des Polizisten), treten wir auf der Stelle im Tempo der halben Noten, also recht getragen und langsamer. Als Variante gibt der Kursleiter den Straßenverkehr frei, nimmt eine Handtrommel und bestimmt die Fahrgeschwindigkeiten. Die Kinder reagieren und mimen die Autos mit „brumm, brumm, brumm" im jeweiligen Takt. Natürlich können alle Elementarinstrumente eingebracht werden. Letztlich kann auch ein buntes Stadtkonzert komponiert werden, wenn wir noch die Straßenbahnen, das brüllende Kind am Straßenrand, das Flugzeug über uns usw. mitvertonen!

## 5.6 Lerneinheit

### Bleib mal locker!

**Ziel der Lerneinheit**

Locker bleiben – eine gute Devise für den Alltag! Sie gilt nicht nur für Erwachsene, sondern auch für Kinder, etwa wenn sie zum ersten Mal in den Kindergarten oder in die Schule müssen, später vor Klassenarbeiten und immer dann, wenn man geärgert oder beleidigt wird. Wie erreicht man diese Gelassenheit? Welche Hilfsmittel gibt es? Ein umfangreiches Themenfeld, das wir nicht umfassend behandeln können. Dennoch wollen wir für die eine oder andere Situation eine kleine Hilfestellung geben. Kinder müssen verstehen, dass es im Leben zu angespannten und kritischen Situationen kommen kann, und dass unbedingt Entspannung folgen muss. Wer diese emotionalen Gegensätze einschätzen und steuern kann, versteht seine Reaktionen besser und kann neben den emotionalen auch die sozialen Fähigkeiten entwickeln. Also wollen wir hier ausgesuchte körperliche Aktivitäten, teilweise taktgebunden, erleben und uns dann immer wieder lockern, ablegen und entspannen. Der Körper soll als Ganzes und in seinen Teilen erspürt werden. Den rein motorischen Aufgaben werden eher testweise einige einfache Schulthemen hinzugefügt, um vorausschauend die „Hemmschwelle Schule" zu senken ... Und wir werden immer wieder Ruhepunkte suchen, also „Chill"-Phasen, die für das eigene „Herunterkommen" unerlässlich sind. Der Austausch mit anderen Gruppenmitgliedern vermittelt das dazu notwendige Gefühl und erleichtert es, sich einzuordnen.

**Materialtipp**

Kleine Bälle, weiche Matten, Pappe, Wachsmalkreiden

**Grundthema**

Körpererfahrung beginnt im Baby- und Kleinkindalter geschieht eher instinktiv und wird durch die meisten Eltern täglich gefördert. Im Vorschul- und Grundschulalter können Kinder Zusammenhänge zunehmend einordnen, ihren Körper immer besser steuern und die vorgegebenen Aktivitäten üben und perfektionieren – alles eine Sache der Übung! Hier setzen wir an, indem wir einfache körperliche Übungen mit den ersten Vorschul- und Schulthemen verknüpfen. Es können sogar schon Zahlen oder das Alphabet mit Schritten und Sprüngen synchronisiert werden. Das fordert und fördert die Kinder auf ganz unterschiedliche Weise und stellt zudem eine gewisse Schulvorbereitung dar. Schließlich wollen wir erreichen, dass die Kinder bereits bei der Einschulung wirklich locker bleiben!

**Grafik**
Wer kann schon seinen Namen oder die Zahlen von Eins bis Zehn schreiben? Bastelalternative: Pappkarten mit den Zahlen von Eins bis Zehn.

## Varianten

**Pustekreis:** Wir stellen uns im Kreis auf, springen, hüpfen auf zwei Beinen, auf einem Bein, galoppieren, schleichen und tanzen (auf eine beliebige Begleitung des Kursleiters). Dann bleiben wir stehen und pusten, blasen die Luft aus unseren Lungen, und weiter geht es! Beim nächsten Stopp setzen wir uns auf den Boden, winken mit den Armen und atmen tief ein und aus. Und wieder gehen wir im Kreis umher, variieren unsere Bewegungen, und schließlich legen wir uns lang und gestreckt auf den Boden, machen die Augen zu und atmen tief ein und aus, in völliger Ruhe.

**Das sagen wir nicht?** Wir sitzen im Kreis und überlegen uns Ausdrücke, Redensarten oder Sprüche, die unsere Eltern nicht gerne hören oder als „ungezogen" gelten. Die Kinder dürfen sich melden und das Erdachte aussprechen. Dann soll sich ein anderes Kind melden und seine Meinung kundtun ... Diese Aktivität bringt die Gruppe mit Sicherheit zusammen, denn es werden „Tabus" verbalisiert und Meinungen ausgetauscht. Eventuell ein geeigneter Schritt, um die gegenseitige Kommunikation zu überdenken? In einem weiteren Durchgang können die zusammengetragenen Floskeln in „gültige" Formulierungen umgearbeitet werden. Wir tun dies mit dem Ziel, bestimmte Spielregeln in der Gruppe ebenso zu vereinbaren wie Maßnahmen, die ergriffen werden, wenn die Regeln nicht eingehalten werden. Vor allen Dingen sollten wir „locker bleiben", wenn uns Schimpfworte oder Beleidigungen an den Kopf geworfen werden.

**Toben und lachen, dann klappt's!** Kinder müssen sich viel bewegen, lachen und ausgelassen sein. Dies ist eine Grundvoraussetzung. Auf eine heitere Musik oder auch auf Klassik bewegen wir uns zuerst frei. Danach beginnen wir unsere Schritte mit den Zahlen Eins bis Zehn zu koordinieren. Wir zählen laut und passen unsere Schrittgeschwindigkeit an. Schließlich geht es rückwärts, also von der Zahl Zehn zur Eins zurück. Diese Variante können wir auch mit dem Alphabet machen, dazu stampfen und klatschen. Wichtig ist die Koordination von Motorik und Sprache! So gehen die Zahlen und Buchstaben auch bei sehr jungen Kindern blitzschnell in den Kopf, und man geht dem ersten Schultag ganz entspannt entgegen.

## Vertiefung

**Vertiefungsübung „Zahlenecken":** Die Themen zu vertiefen bedeutet einerseits Aktion und Vorbereitung auf neue Inhalte, andererseits eine weitere Möglichkeit, entspannt zu agieren und am Ende Ruhe zu finden. Für Kinder im Vorschulalter ist das eine Herausforderung, wenn die Übungen bewusst abgearbeitet werden sollen. Wir wollen es versuchen und markieren verschiedene Stellen im Raum mit den Zahlen von eins bis zehn. Die Kinder bekommen jetzt Anweisungen, sollen also beispielsweise die Zahlen von Eins bis Zehn oder auch rückwärts von Zehn bis Eins ablaufen und dazu klatschen, auf einem Bein hüpfen usw. Jeweils „bei Ankunft" muss die Zahl laut gerufen werden. Etwa alle 5 Minuten werden die Zahlen an anderen Stellen platziert. Kinder, denen die Raumorientierung schwerfällt, werden hier sehr gefordert sein. Zur Belohnung kommen die Kinder nach dieser Zahleneckenübung in eine gemütlich eingerichtete Ecke, die zum Lockern und Entspannen einlädt.

**Musiktheoretische Vertiefung „Tonleitertanz":** Die Tonleiter verlangt uns Lernbereitschaft und Konzentration ab. Wir können es uns jedoch erleichtern, wenn wir die Tonfolge lernen und uns parallel dazu bewegen. Um den musischen Aspekt einzubinden, muss der Kursleiter die Töne benennen, dazu singen und idealerweise die Tonleiter auf dem Klavier oder Glockenspiel instrumentalisieren. Beim tiefen „C" sind die Kinder noch in der Hocke, werden mit jedem Ton größer, bis sie beim hohen „C" gestreckt stehen. Dann geht es die Leiter wieder herunter. Die Kinder singen die Töne auf „la, la, la ..." mit und versinken am Schluss auf ihrer Matte, atmen durch und verharren in Stille, bis ein Klang ertönt. Dann lockern wir uns und gehen nach Hause.

**Ergänzende Idee:** Eine gut funktionierende Gruppe setzt sich am Schluss der jeweiligen Lerneinheiten zusammen und pflegt den Austausch: Was hat uns heute gefallen, wer hat wen geärgert oder beleidigt? Wie wurde das vom Einzelnen bzw. von der Gruppe empfunden, und wie können wir bestimmte Dinge ändern?

# 5.7 Lerneinheit
## Die Musikdetektive

**Ziel der Lerneinheit**

Wir entschlüsseln Geheimnisse, es wird gerätselt und geraten! Die Varianten sind hervorragend geeignet für Spielstunden, Geburtstagsfeste oder Elternnachmittage. Das bewusste Hören und Zuhören ist dabei von entscheidender Bedeutung, denn teilweise machen wir die Übungen gar mit verbundenen Augen. Raten und Rätseln fördert die Konzentration der Kinder, Klangrätsel schulen die Hörwahrnehmung. Außerdem machen wir in den verschiedenen Bereichen der Sinneswahrnehmungen Fortschritte, weil wir in Gruppen arbeiten. Kinder, die anderen Kindern etwas präsentieren, bereiten sich spielerisch auf den Schulalltag vor und trainieren nebenbei die Sprachfähigkeit. Wie so oft wollen wir mit allen Sinnen arbeiten, Bilder und Klänge entschlüsseln und unsere Gruppenmitglieder „erhören", riechen und fühlen! Durch viel Spiel und Spaß wird der Kreativität Rechnung getragen.

**Materialtipp**

Kinderbücher mit vielen bunten Eindrücken bzw. Such- oder Wimmelbildern, mitgebrachte Instrumente oder die vorhandenen Elementarinstrumente, Jutesack, kleine Bälle, einige wenige Reißzwecken, andere kleine Gegenstände, Bürsten, Kämme ... Fenchel, Anis, Pfeffer, verschiedene Kräuter und andere duftende Gegenstände oder Seifen in kleinsten Mengen.

**Grundthema**

Wir hören, riechen, fühlen, schmecken und sehen – das sind unsere fünf Sinne. Manchmal jedoch ist man sich nicht ganz sicher, etwa wenn man verschiedene Sinneseindrücke verknüpfen muss, um einen Sachverhalt eindeutig beurteilen zu können. Dies ist völlig normal, und doch kann man an seiner „Feinsinnigkeit" arbeiten. Wir werden Hörrätsel mit unseren Stimmen und Instrumenten vorbereiten, Dinge in einem Sack fühlen, mit verbundenen Augen über rätselhafte Gegenstände gehen, sie mit unseren Nasen „erschnuppern" usw.

**Grafik**

Nachspurübungen: Bogen nach oben = lauter werden, Bogen nach untern = leiser werden, kleine Wellen in Folge = Töne halten; für Pauken- oder Trommelschläge benutzen wir Kreise usw.

## Varianten

**Wimmelsuche:** Dies ist eine Aktivität für unsere ganz Kleinen. Wir setzen uns im Kreis auf den Boden und breiten ein großes Bild aus. Es geht immer im Kreis: Was sehen wir? Welche Farbe hat der Gegenstand? Für eine funktionierende Gruppe ist es wichtig, die anderen Kinder jeweils aussprechen zu lassen.

**Ich sehe einen Sack und fühle ...:** Ein Jute- oder Stoffsack wird mit drei oder vier Dingen gefüllt. Ein Kind nach dem anderen darf die Hand hineinstrecken. Wenn alle Gegenstände erraten wurden, füllt der Kursleiter den Sack erneut – natürlich ganz im Geheimen! Alle Kinder dürfen zwei- oder dreimal raten.

**Ich rieche etwas und das ist ...?** Idealerweise hat der Kursleiter (eventuell mit Hilfe der Mütter) viele kleine Dosen mit Gewürzen oder Tees, eventuell auch auffällig riechenden Seifen dabei. Nun sitzen wir im Kreis und ernennen einen Spielführer. Nacheinander werden den Kindern die Augen verbunden. Nun beginnt das Riechspiel. Die Kinder dürfen dabei zu zweit gehen, und wenn ein Kind nicht weiterkommt, darf es sich Hilfe holen. Für Kinder, die nur selten in der Küche mithelfen bzw. im Haushalt Gerüche wahrnehmen, ist dies eine sehr schwere Übung. Aufgrund der Vielfalt der Nationalitäten sind manche Gerüche einigen Kindern sogar ganz neu. Natürlich kann man mit den Müttern auch ein Probierbuffet aufbauen, vielleicht als Besonderheit für den Elternnachmittag, ein Kinderfest oder kurz vor Weihnachten. Es darf also auch geschmeckt werden!

**Barfußdetektiv:** Eine Aktivität für den Außen- und Innenbereich. Wir legen robuste Dinge aus, also etwa Kastanien, Eicheln, Seile, jedoch keine Gegenstände mit Verletzungsgefahr. Entweder bewegen wir uns sehr vorsichtig im Raum und versuchen (wieder mit geschlossenen Augen), die rätselhaften Dinge auf dem Boden zu erkennen. Wir können diese Übung auch im Innenbereich so vorbereiten, dass in verschiedenen Ecken ein Stuhl steht, der Ratende Platz nimmt und die Dinge mit den Füßen am Boden tastend errät. Eventuell entsteht sogar im Außenbereich ein kleiner Barfußpark mit Gras, Kieseln, Blättern?

## Vertiefung

**Vertiefungsübung – „Topf-Percussion":** Jedes Kind hat sich, um „Schlagzeug" zu spielen, schon einmal an der Topfschublade der Mutter bedient. Welch ein Klangerlebnis oder, je nach „Ohr" des Zuhörers, welche Ruhestörung! Letztere wollen wir hier aber bewusst zulassen. Jedem Klang ordnen wir ein Symbol zu und komponieren so ein kleines Topflied. Verschiedene große und kleine Töpfe sind unser Klangmaterial, die Deckel verwenden wir als Becken oder Klangschalen und einige Kochlöffel und Rührbesen (möglichst aus Holz bzw. Metall) als Schlegel. Nun kann es losgehen. Wie ein Schlagzeug wird alles aufgebaut, es gibt einen „Soundcheck", anschließend sucht sich jedes Kind/jedes Paar ein Instrument. Paarweise zu arbeiten ist insofern geschickt, als ein Kind eventuell bei der Notation der Symbole helfen kann. Die Notationen sollten einfach gewählt sein und sind als Nachspurübungen in der Grafik zu finden. So ergibt sich, ganz nebenbei, bei guter Stiftführung eine Schulvorbereitungsübung.

**Musiktheoretische Vertiefung – „piano und forte"**: Hier gibt es zwei Möglichkeiten. Wir können unser Topfschlagzeug weiterverwenden oder auch andere Instrumente hinzunehmen, allerdings sollte jedes Kind ein Instrument zur Verfügung haben. Bei dieser Übung wollen wir die Parameter wiederholen. Die Kinder sollen sie erkennen, ganz bewusst mit geschlossenen Augen. Die Möglichkeit, laut und leise zu musizieren, langsam und schnell, lauter/leiser werdend oder langsamer/schneller werdend, probieren wir erneut gemeinsam aus (oder nacheinander in kleinen Gruppen). Nun ernennen wir einen Hördetektiv, der mit verbundenen Augen die jeweils gespielte Musik einordnet. Wir können auch neue Kategorien bilden, etwa traurig, heiter usw. Natürlich darf jedes Kind ein- oder zweimal raten. Musikstücke können selbst gespielt oder den Kindern als Ausschnitte vorgespielt werden, also etwa einzelne Passagen aus „Peter und der Wolf", dem „Hummelflug" oder der „Toccata".

# 6. Kapitel: Die kindliche Seele

## Gestresste Eltern, gestresste Kinder – was macht der Alltag mit uns und unseren Kindern?

„Alltagsstress“ – dieser Begriff ist in aller Munde, und manchmal hat man den Eindruck, dass es auch ein wenig „cool“ ist, gestresst zu wirken. Könnte es sein, dass wir vielleicht sogar kompetenter und qualifizierter erscheinen wollen, wenn wir über unseren tagtäglichen Stress berichten können?

Dieses Phänomen gilt es genauer zu beleuchten. Es gibt, gerade im Erwachsenenbereich, unzählige wissenschaftliche Ausführungen, die uns den Stress erklären und natürlich auch gleich die besten Stressvermeidungsstrategien bereithalten. Wenn es um Kinder und Jugendliche geht, ist die Palette der Antistressmaßnahmen nicht so vielfältig. Meist werden mit Kindern und jungen Erwachsenen gängige Entspannungstechniken durchgeführt.

Während Mütter oder Väter Stress bei der Arbeit, Beziehungsstress oder gelegentlich auch Stress mit den eigenen (möglicherweise uneinsichtigen) betagten Eltern haben, kommen unsere Kinder mit Schulstress, Stress mit Lehrern oder auch Terminstress nach Hause. Genau genommen handelt es sich um ein und denselben Belastungsfaktor. Es fragt sich nur, warum schon unsere Kinder in diese Stressschiene hineinlaufen müssen?

Beginnen wir bei unserer Analyse ganz profan mit dem „Klassiker“, den jede Mutter und jedes Kind kennen: Haushaltsstress. Für die Mütter ist er Abbild des alltäglichen Wahnsinns mit dem Ziel, möglichst schnell möglichst viel zu erledigen, ein optisches Maximum mit einem Minimum an Zeit zu erreichen. Für die Kinder ist dieses alltägliche Nervenspiel kaum einsehbar, ständig störend, weil man entweder eingespannt wird, der Staubsauger beim „Chillen“ stört oder es letztlich von Seiten der Eltern Vorwürfe hagelt. Erschwerend kommt hinzu, dass die heimischen Putzkräfte bei Dienstverweigerung häufig mit Konsequenzen drohen, die einem das Leben nicht gerade erleichtern ...

***Fallbeispiel***

*Tilda war eigentlich eine ganz selbst- und pflichtbewusste Drittklässlerin, die leider fast immer in Klassenarbeiten versagte. Sicher, es gibt Kinder und Erwachsene, die in Stresssituationen einen sogenannten Blackout haben. Bei den meisten Schülern, die davon betroffen sind, geht einfach gleich zu Beginn der Arbeit der Rollladen herunter ... mit dem Ergebnis, dass nicht viel auf dem Papier steht und die Noten schlecht ausfallen. Das war bei Tilda nicht die Ursache. Sie besuchte unsere Kreativ- und Musikgruppe mit dem Ziel der Entspannung. An den Kurstagen war sie dann auch scheinbar ausgeglichen, und wir hofften, dass sie dies ein Stück weit in ihren Schulalltag mitnehmen könnte. Im Nachhinein betrachtet begann Tildas Stress schon viel früher. Sie hatte ein gemeinsames Arbeitszimmer mit ihrer Mutter. Wenn wir über die Ordnung im Schulranzen sprachen, lachten wir schon immer, weil Tilda dann ganz altklug ihrer Mama empfahl, auch mal den eigenen Schreibtisch aufzuräumen... Der Grund für Tildas Probleme lag mit Sicherheit zum Großteil an den Lernbedingungen zu Hause. Tildas Mutter war mit ihrem Alltag überfordert und stapelte alles, was zu erledigen war, auf dem Schreibtisch. Unbewusst nahm sich Tilda die Mutter als negatives Vorbild. Auch Tilda stapelte unliebsame und ungewollte Dinge auf ihrem kleinen Schreibtisch. Es wurde immer mehr und mehr, und mit jedem neuen Blatt schwand der Überblick – und der Mut. So gesehen verließ das Selbstvertrauen das Mädchen schon, bevor es in die Schule ging. Tilda adaptierte das Verhalten der Mutter unbewusst, stapelte nicht zu bewältigende Arbeitsaufträge mit dem Effekt, dass einfach zu viel liegenblieb und sich dadurch Lücken bildeten. Die Mutter hingegen verschob ihre eigenen Aufgaben zugunsten der Kinder. Viele der eigenen Dinge hatten für sie einfach zweite Priorität – schließlich waren die Kinder in ihren Augen ja wichtiger.*

Dieses eher einfache Beispiel einer Stresssituation und ihrer Auswirkung auf den Schulalltag zeigt uns nur einen kleinen Ausschnitt der Stressoren, die in der kindlichen Entwicklung Auswirkungen auf Leistungen unterschiedlicher Natur haben können.

Generell gilt: Es sollte uns bewusst sein, dass wir Vorbildfunktion haben und unseren Kindern Tag für Tag Werte vermitteln. Diese Werte – etwa Disziplin, Ehrlichkeit, Struktur – können wir nur weitergeben, indem wir sie vorleben. Das bedeutet: Wir müssen selbst daran glauben und die Werteweitergabe aktiv gestalten. Wenn unser eigener Arbeitsplatz einem Chaos gleicht, können wir von unseren Kindern den optimal strukturierten Lernplatz oder das akribisch aufgeräumte Kinderzimmer kaum erwarten.

Doch zurück zu den Stressfaktoren. Befragt man Eltern oder Großeltern danach, wann Stress in besonderem Maß auftritt, werden meist entscheidende Lebensphasen, wie Einschulung oder Pubertät angegeben oder harte Einschnitte im Leben der Kinder wie Scheidung, erzwungener Schulwechsel oder der plötzliche Tod von Angehörigen. Dies ist wahrscheinlich so, weil auch die Eltern durch derartige Ereignisse Stress erfahren. Befragt man jedoch die Kinder, erzählen sie überwiegend von alltäglichen Anforderungen, Spannungen in der Familie oder Streitigkeiten. Zwar werden kritische Situationen oft selbst verursacht, doch ist dies den meisten Heranwachsenden nicht bewusst.

Wie nehmen wir den Stress unserer Kinder wahr? Oder anders ausgedrückt: Nehmen wir den Stress unserer Kinder immer rechtzeitig wahr? Intuitiv versuchen viele Kinder sich in Stresssituationen „nichts anmerken zu lassen", d. h. sie lernen rasch, die Störungen und ihre als unangenehm empfundenen Begleiterscheinungen zu überspielen. Diese Art der Stressvermeidungsstrategie nimmt man als Außenstehender häufig nicht wahr, da man das entsprechende Verhalten nicht richtig deuten kann. Dadurch können wir als Eltern und Erzieher oft erst verspätet ansetzen und unnötig viel Zeit geht verloren. Schon das ist ein Grund, über Stress als Störfaktor in der Entwicklung der Kinder nachzudenken.

Da es verschiedene Charaktere und Temperamente sowie Unterschiede bei Mädchen und Jungen gibt, da darüber hinaus jedes Kind ein Individuum ist, kommen auch andere Reaktionen vor. Viele Kinder reagieren auf Stress mit Aggression, so dass sie etwas zerstören oder sich streiten und schlagen. Andere neigen eher zum Überspielen, d. h. sie lenken ab, schlafen viel oder haben einfach Bauchschmerzen. Dann gibt es noch die sogenannten Klassen- oder Gruppenkasper, die den Stress mit ihren Späßen überwinden möchten, und schließlich die kleinen Intellektuellen, die zu diskutieren beginnen, nach Lösungen suchen, nachdenken und damit ganz bewusst die Situation differenziert angehen. Wir sehen also eine breite Palette an Reaktionsmöglichkeiten, welche die Vielfalt der Präventionsmaßnahmen erahnen lässt.

Das ist die Schlüsselfrage: Wo können wir ansetzen, wie den Kindern helfen und ihnen die sogenannte Hilfe zur Selbsthilfe an die Hand geben? Von allen Aktivitäten, die wir Ihnen in diesem Handbuch für die Praxis vorstellen, eignen sich als Maßnahmen zur besseren Stressverarbeitung vor allem diejenigen, die alle Sinne ansprechen. Sie sind für das spielerische Lernen in der Gruppe bestens geeignet und können präventiv eingesetzt werden. Denn alles selbst Erlebte bleibt besser in unserem Gedächtnis haften, prägt sich in unser Unterbewusstsein ein und wird nach und nach Teil unseres Erfahrungsschatzes. Wir müssen den Kindern die Freiheit geben, eigene Erfahrungen zu machen, ihnen dann jedoch in kritischen Situationen beratend und natürlich auch tröstend zur Seite stehen. Damit stärken wir die zweite wichtige Säule in der Entwicklung der Kinder: das Selbstbewusstsein.

Ein starkes Selbstbewusstsein kann die Auswirkungen von Stress, Mobbing und ungerechter Behandlung zumindest abfedern. Kinder, die eigene Erfahrungen machen und mit einem gesunden Selbstbewusstsein ausgestattet sind, entwickeln in der Regel von selbst passende Problemlösungsstrategien. Sie können Situationen realistischer einschätzen, Stress besser bewältigen und sind meist auch die Gruppenmitglieder, die für einen kommunikativen Austausch sorgen und dadurch noch mehr zur Lösung beitragen. Sicher werden jetzt viele Pädagogen und eventuell alleinerziehende Mütter oder Väter den Kopf schütteln. Manchmal ist man einfach überlastet und kann nicht nur gute Gespräche führen und permanent Hilfsdienste leisten. Viele Familien haben auch keine rüstigen Großeltern, die helfend einspringen können, oder andere einsatzbereite Verwandte. Es gibt in unserem sozialen Gefüge jedoch immer geeignete Gruppen, Beratungsstellen, Freunde oder Bekannte, mit denen man sich austauschen, wechselseitig Kinder betreuen oder andere

Hilfeleistungen in Anspruch nehmen kann. Ein mit Hilfe der Eltern gut vernetztes Kind lebt sicherer und kann häufig die bestehenden Kontakte selbst nutzen und aktiv weiterentwickeln.

***Fallbeispiel***

*Der 10-jährige James war ein aufgeweckter Junge. Zur Anmeldung erschien er mit seiner sympathischen Mama, die allerdings einen überlasteten Eindruck machte. Rasch stellte sich heraus, dass die alleinerziehende Mutter mit ihrem Sohn einfach zeitlich überfordert war. Sie hatte, wie man so schön sagt, das Herz am rechten Fleck, liebte ihren Sohn und war bereit, alles für ihn zu tun. Leider ging ihr häufig die Zeit aus, denn sie hatte einen zeitraubenden Job in einer Großküche. Im Alltag war die Oma zur Beaufsichtigung des Jungen eingespannt, die allerdings James weder schulisch helfen, noch ihn zu Freizeitaktivitäten oder Freunden bringen konnte. James war somit jeden Nachmittag zu Hause, kam in der Schule nicht weiter, baute Lücken auf und wurde zusehends aggressiver und frustrierter ... Hier hätte eine gute Vernetzung, eventuell in Absprache mit anderen Müttern, oder eine Lernzeitbetreuung geholfen. Wir versuchten, den Jungen rasch in unsere Musikgruppe zu integrieren, und ließen ihn deshalb mehrmals probeweise teilnehmen. Bald fand er zwei Freunde, bei denen er abwechslungsweise nach der Stunde noch Zeit verbringen durfte. Daraus entstand eine Lerngemeinschaft, die bis heute Bestand hat und den Jungs schon oft geholfen hat. Das Beste daran ist, dass sich inzwischen auch die Mutter deutlich weniger Sorgen macht als früher und Tag für Tag mit einem weitaus besseren Gefühl zur Arbeit fährt.*

Wir erkennen, dass wir maßgeblich an der „Stressbewältigung" unserer Kinder beteiligt sind. Natürlich können wir Stress im Alltag nicht vermeiden. Wir können jedoch versuchen, Stresssignale rechtzeitig zu erkennen, darüber sprechen und unseren Kindern die Ursachen unserer eigenen Probleme aufzeigen. Beispielsweise können wir ihnen erklären, warum wir als Eltern etwa zeitlichen Stress oder Beziehungsstress haben, und ihnen verständlich machen, welche Art von Hilfe wir benötigen. Im Gegenzug werden uns unsere Kinder und Schüler auch in ihre Ängste einweihen und sich, wenn sie selbst in Bedrängnis sind, eher helfen lassen. Es ist ein Geben und Nehmen. Wir stellen mit diesem partnerschaftlichen Austausch ein Begegnen „auf Augenhöhe" her, das wiederum das eigene Ich der Kinder wachsen lässt.

## 6.1 Lerneinheit

## Die Geschichte vom Himmelssternchen

**Ziel der Lerneinheit**

Der Schlaf ist für unsere Kinder außerordentlich wichtig, ebenso die unmittelbare Zeit vor dem Schlafengehen. In der nächtlichen Ruhephase entspannen sich Körper und Geist. Erlebte Dinge werden verarbeitet, und bei kleinen Kindern hat man oft den Eindruck, als könnten sie sich dank ihres naturgegebenen Urvertrauens im Schlaf voll und ganz entspannen. Hier versuchen wir, mit vielfältigen beruhigenden Übungen und Geschichten diese Gabe zu festigen. Schon Kinder können Entspannungstechniken lernen, Traumgeschichten bewusst wahrnehmen und somit schon im Kleinkindalter Stress abbauen. Das Musikhören an sich hat im Vorschul- bzw. Früherziehungsbereich eher an Bedeutung abgenommen; Eltern können durch bewusstes Musikhören im häuslichen Bereich diesem Trend eventuell entgegenwirken. So aktionslos wie das Hören von entspannenden Liedern scheinbar ist, werden wir daraus eine Aktivität machen!

**Materialtipp**

Weiche Matten, Einschlaflieder (evtl. auf CD), Kuscheltiere, Klangschalen, klingende Windspiele, die einfach aufgehängt werden können. Bei Bedarf Pappe, Scheren, Stifte, gelbe Wachsmalfarbe, Sternenstaub oder Glitzersteinchen, Flüssigkleber, Bindfaden.

**Grundthema**

In diesem Kapitel wollen wir in erster Linie Stress abbauen, den Weg zu abendlicher Entspannung finden und unsere Phantasie auf die Reise gehen lassen! Hierzu werden wir die entsprechende Musik einsetzen, uns weniger aktiv und eher auflockernd bewegen und Geschichten hören bzw. erzählen. Im Prinzip bestehen die Varianten aus Vorschlägen, welche die Eltern abends umsetzen bzw. auch Geschwister miteinander spielen können. Wie entspannend wäre es für Eltern, wenn sich die Kinder gelegentlich auch selbst in die abendliche Ruhe versetzen könnten!

**Grafik**

Wir malen die vorliegenden Sterne nach, oder wir basteln mit Pappe, gelber Farbe und Sternenstaub schöne Dekosterne zum Aufhängen!

## Varianten

**Himmelssternchens Lied**

*Himmelsstern, o Himmelsstern, ach, wir haben dich so gern, wenn du singst heut' Nacht*

*Himmelsstern, o Himmelsstern, ach, wir haben dich so gern, wenn du spielst heut' Nacht*

Die Gruppe steht im Kreis – singen sollte man immer im Stehen! – und übt den Text; wie beim singenden Erzählen kann der Text einfach und melodisch umgesetzt werden. Es können auch weitere nächtliche Tätigkeiten hinzu erfunden werden ...

**Einschlafmelodie:** Im Verlauf der bisher ausgeführten Lerneinheiten haben unsere Kinder verschiedene Musikinstrumente kennengelernt, können die Klänge zuordnen und wissen eventuell schon, welche Stimmung das jeweilige Instrument erzeugen kann. Wir bilden Dreiergruppen: Zwei Kinder musizieren mit jeweils zwei Instrumenten, während das dritte Kind „schlafend" auf dem Boden liegt und die Instrumente bzw. die Stimmung erraten muss, die damit vermittelt werden soll. Unsere kleinen Musiker sollten sich natürlich zu zweit abstimmen und kurz vorbereiten damit das Ganze ein Geheimnis bleibt! Eventuell haben die Kinder Schwierigkeiten, eine kleine Melodie zu erfinden. Die Komposition wird ganz einfach, wenn man den Kindern ein einfaches Lied vorgibt, das sie mitsingen können, also z. B. „Schlaf, Kindlein, schlaf ..." oder ein anderes Kinderlied.

**Lieder anderer Länder:** Die Völker haben unterschiedliche Lebensgewohnheiten. In jeder unserer Gruppen haben wir verschiedene Nationalitäten. Da wäre es doch interessant, wenn wir auch uns unbekannte Einschlaflieder und -melodien kennenlernten. Dies kann über CDs der Eltern erfolgen, die Kinder können vorsingen bzw. der Kursleiter kann recherchieren. Wenn sich die Kinder in Pausen oder als Abschluss auf den Rücken legen, die Augen schließen und einfach zuhören, ist die Entspannung groß. Eventuell recken und strecken wir uns vor der Entspannungsphase, dabei mehrmals tief aus- und einatmen! Es gab schon Kinder, die darüber eingeschlafen sind ...

## Vertiefung

**Vertiefungsübung:** Die abendlichen Rituale sind in jeder Familie verschieden. Es gibt Kinder, die mit bunten Lichtspielen gut einschlafen können; andere jedoch benötigen ihre Lieblingsmusik oder ein spezielles Hörspiel. Wir unterhalten uns kurz und teilen uns den eigenen „Einschlaf-Favoriten" mit. Der Kursleiter hat als eigenen Vorschlag die Geschichte vom Himmelssternchen dabei:

*Du wanderst durch die Wiesen und verfolgst mit deinem Blick die Wolken. Ein schöner Frühlingstag! Die Sonne wärmt dir den Rücken und die Steine, und mit jedem Schritt wird dir wohliger und wärmer ... Ein leichter Wind rauscht durch die Bäume, weht durch die Haare, und der Bach plätschert. Neben uns flattert ein wunderschöner Schmetterling namens „Himmelssternchen" in den Farben Blau, Lila, dunkelgelb und Grau durch das Uferschilf. Himmelssternchen begleitet uns in eine Traumwelt. Wir fliegen mit ihm hoch in die Lüfte und steigen höher und höher, bis hinauf zu den hellen weichen Wolken! Wir fliegen an unsere Wunschziele, und nun kommen unsere Kinder an die Reihe!!!*

Wohin fliegen wir mit unserem Traumschmetterling? In einer gemütlichen Runde nennen wir unsere Wunschziele und erzählen die Geschichte weiter ...

**Musiktheoretische Vertiefungsübung:** Die Auswahl der Instrumente ist in diesem Kapitel begrenzt. Es müssen Instrumente sein, deren Klang Körper und Geist entspannen lässt. Hier bieten sich Klangschalen, Glockenspiele, Triangeln und eventuell eine Querflöte an. Natürlich kann auch mit klassischer Musik gearbeitet werden. Wir liegen zu Anfang am Boden, recken und strecken uns, dann richten wir uns allmählich auf, schauen nach rechts und links, lächeln unsere Sitznachbarn an und stehen ganz langsam auf. Im Stehen strecken wir uns wieder, machen uns riesengroß und lassen dann die Schultern fallen. Nun lassen wir den Kopf, die Schultern, den Bauch, die Knie und schließlich die Füße kreisen. Dann werden alle Tätigkeiten wiederholt, bis wir wieder am Boden liegen, und ganz tief durchatmen. Der Kursleiter bringt den beruhigenden Klang der Musikinstrumente ins Spiel. Am Anfang und Ende und immer, wenn wir die körperliche Tätigkeit wechseln, ertönt ein leiser Gong. Diese „Vertonung" darf auch gerne ein Kind übernehmen, ebenso können andere Lockerungsübungen von den Kindern erfunden werden.

## 6.2 Lerneinheit

### Wenn die Musik „Farbe bekennt“

**Ziel der Lerneinheit**

Musik wird schon von Geburt an intensiv aufgenommen (sogar schon im Mutterleib!). Diese Unterrichtseinheit ist beliebig wiederholbar, recht ungezwungen, daher erholsam und spricht die emotionale Kompetenz der Kinder in höchstem Maße an. Über die Musik, die vom Kursleiter frei wählbar ist und gerne auch klassischer Natur sein kann, können die Kinder gewisse Stimmungen aufnehmen und mit Anleitung des Pädagogen zu Papier bringen. Sinnvoll ist es, in Anlehnung an die gewählte Musik ein Thema vorzugeben, z. B. eine Jahreszeit, eventuell auch die Wahl des Malmaterials altersgerecht vorzubereiten.

**Materialtipp**

Klassische CDs kindgerecht gefasst, bekannte Kinderlieder, Papier, Malmaterial (Wachsmalkreide, Buntstifte, Wasserfarben, Fingerfarben), eventuell auch Papierrollen, die man auf dem Boden ausbreitet, so dass wunderbare Gemeinschaftswerke entstehen können.

**Grundthema**

Wir beschäftigen uns mit dem Projekt „Musik und Malen“. Jüngere Kinder bevorzugen dabei vermutlich Gute-Laune-Lieder, die sie aus dem Kindergarten kennen, mit älteren Schülern wird die Auswahl schon breiter. Wenn klassische Musik gewählt wird, ist das für viele Kinder doch eher außergewöhnlich. Doch mit einer begleitenden Tätigkeit – etwa dem Malen – können Höreindrücke nachhaltig vertieft werden. Auf diese Weise helfen wir den Kindern, sich auf die Musik einzulassen, die ihnen unter Umständen nicht vertraut ist. Der Kursleiter erzählt eine kurze Geschichte, untermalt diese mit der jeweiligen Musik und gegebenenfalls auch mit Geräuschen, und die Kinder dürfen ihre Eindrücke zu Papier bringen. Es gibt eine kleine Auswahl von klassischen Stücken, die sich für dieses Unterrichtsprojekt eignen. Wenn man als Einstieg beispielsweise von den Abenteuern einer kleinen Biene erzählt, ließen sich diese mit dem „Hummelflug“ untermalen.

**Grafik**

Ein kleiner Rahmen zum Auflegen auf das Papier oder auch große Papierbahnen zum Austoben auf dem Boden/Gruppentisch; Farbkarten.

## Varianten

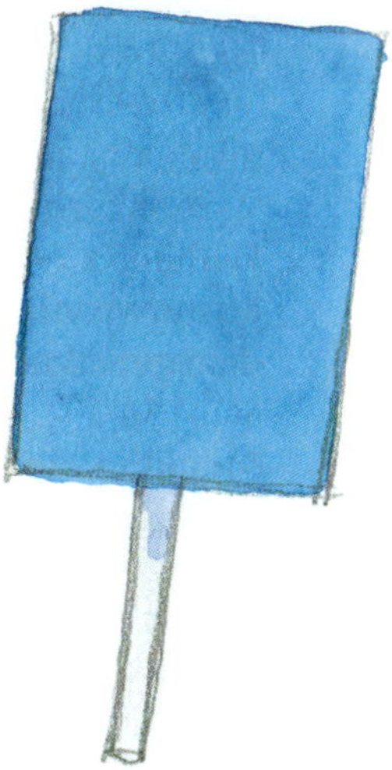

**Ich sehe etwas, was du nicht siehst:** Dieses Spiel ist ein immer noch beliebter Klassiker. Wir können dafür Dinge wählen, die sich im Raum befinden, eigene Bilder präsentieren oder einfach Wimmelbilder aus geeigneten Kinderbüchern verwenden. Wichtig ist bei derartigen Spielen, dass die Satzvorgabe einfach ist und immer wieder wiederholt wird (ähnlich wie „Ich packe meinen Koffer und nehme mit ..." usw.) Dies fördert nicht zuletzt die Regelerkennung im Satzbau und damit die grammatikalische Kompetenz der Kinder.

**Eine Farbgeschichte:** Der Kursleiter erzählt eine beliebige Geschichte, die mit möglichst viel Farbeigenschaften bereichert wird (das gelbe Auto, die grüne Wiese, das rote Fahrrad ...). Mit den Kindern vereinbaren wir bestimmte Aktivitäten, wenn sie bestimmte Farben hören. Kleine Kinder können sich einfach melden, größere Kinder müssen bestimmte Aktivitäten bei bestimmten Farben ausführen. Hier kann die Mitmacheschichte mit Giri (siehe S. 165) eingesetzt werden.

**Farbtanz:** Die Musik ist wieder frei wählbar, kann ruhig als Entspannung am Schluss stehen, aber auch anregend und unterhaltsam am Anfang der Stunde. Der Kursleiter bereitet Farbkarten vor, die er nach Lust und Laune während des freien Tanzens zeigt. Die Kinder reagieren nach Absprache. Rot bedeutet beispielsweise auf einem Bein stehen, Blau auf den Bauch legen, Grün wie ein Frosch hüpfen usw.

**Klangrätsel:** Wenn verschiedene Instrumente bzw. Klangkörper im Raum vorhanden sind, können wir dieses Spiel in einem Sitzkreis als Entspannung vom Malen spielen. Einem der Kinder werden mit einem Tuch die Augen verbunden. Es darf sich in die Mitte des Teppichkreises setzen und Geräusche erraten, welche die anderen Kinder erzeugen. Dabei ist zu beachten, dass die Instrumente möglichst geräuschlos erst nach dem Augenverbinden verteilt werden.

**Klangspaziergang:** Oft haben wir recht unruhige Gruppen, die sich auf die Musik und das Malen nicht auf Anhieb einlassen wollen. In diesem Fall empfiehlt es sich, eine kleine Entspannungsrunde an den Anfang der Stunde zu stellen. Wir sitzen bzw. liegen auf dem Boden, hören eventuell schon in die geplante Musik hinein bzw. bewegen uns langsam dazu. Auch eine kurze Entspannungsgeschichte kann helfen, die erzählt wird, während im Hintergrund leise Musik läuft. Haben sich die Schüler gesammelt, wagen wir uns an unsere Papierbahnen!

## Vertiefung

**Vertiefungsübung:** Als Abschluss der Unterrichtseinheit werden die Werke der kleinen Künstler der Reihe nach vorgestellt und in der Runde gezeigt. Gemeinsam lassen wir uns für jedes Werk einen Namen einfallen. Eine persönliche Signatur auf dem gemalten Bild macht jeden kleinen Künstler sehr stolz!

**Musiktheoretische Vertiefung:** Grundsätzlich können die Kinder während des Musikhörens frei malen; im weiteren Verlauf der Stunde ist es jedoch besser, mit den Kindern bestimmte Absprachen zu treffen, z. B. das Malen der Tiere bei „Peter und der Wolf". Beim Hören anderer Stücke können eventuell bestimmte Assoziationen zum Wetter, zur aktuellen Jahreszeit oder einem zuletzt durchgenommenen Thema aufkommen; hier ist der Einfallsreichtum des Pädagogen gefragt!

## Ergänzung

# Mitmachgeschichte:

## Giri – zusammen schaffen wir's!

Giri reckt und streckt sich in ihrem gelben, mit Stroh bedeckten Giraffenbettchen. Sie blinzelt mit ihren hübschen braunen Giraffenaugen und schaut nach ihrer Mama, die schon hektisch aufräumt und die nagelneue rote Kindergartentasche richtet. Der erste Kindergartentag ganz ohne Mama und Amelie, die kleine Schwester – was für eine Aufregung!

Kaum eine halbe Stunde später macht sich Giri, das kleine Giraffenmädchen, mit ihrer Mama auf den Weg zur „Schutzengelhütte", das ist der Tierkindergarten. Giri ist eine ausgesprochen hübsche kleine Giraffe – aber auch ein sehr außergewöhnliches Tierkind. Ihr Fell ist strahlend gelb und hat die typischen braunen Flecken. Wenn sie sich bewegt, wackelt ihr langer, dünner Körper hin und her – die anderen Tierkinder tuscheln dann und warten darauf, dass das noch unsichere kleine Giraffenmädchen auf seine schwarze Stupsnase fällt. Leicht hat es Giri wirklich nicht!

Das letzte Stück des grauen Asphaltweges muss sie heute alleine gehen. Sie bemerkt in ihrer Aufregung die anderen Tierkinder nicht, die sich von hinten anschleichen. „Schau mal, wie die aussieht!" Giri dreht sich um – eine ganze Horde steht hinter ihr und lacht. Stups, der graue Hase, Luki, der kleine rote Fuchs, Streifli, das braune Wildschweinchen, und Mick, der schwarze Welpe! Oh je, diese freche Rüpelbande! „Schau mal, wie die aussieht", ertönt es von dort schon wieder. „Diese dünnen gelben Beine, und viel zu groß ist sie auch noch!!"

Giri schießen die Tränen in die Augen: „Ich hab's ja gewusst – ich will nicht in die Schutzengelhütte!"

Doch plötzlich streichelt sie jemand und tröstet sie: „Mach dir nichts daraus, das ist immer so mit denen am Anfang. Mir ging es genauso, als ich hierherkam!" Brenda, das graue

Alpaka-Fohlen, ist die Rettung an diesem Morgen. Gemeinsam und mit hocherhobenem Kopf stolzieren Giri und Brenda in den Tierkindergarten hinein.

Frau Luna, die weise Katzendame und Leiterin des Tierkindergartens, empfängt Stups, Luki, Streifli und Mick mit strenger Miene: „So etwas höre ich nie wieder! Ihr habt heute Aufräumdienst und helft den neuen Tierkindern in der grünen Garderobe – es ist mir tierernst!" Mit gesenkten Köpfen schleichen die Tierkinder an Frau Luna vorbei.

Der Vormittag vergeht wie im Flug, denn alle sind mit Aufräumen beschäftigt. Giri freut sich, weil sie in der kurzen Zeit in Brenda schon eine richtig gute Freundin gefunden hat.

# Anhang

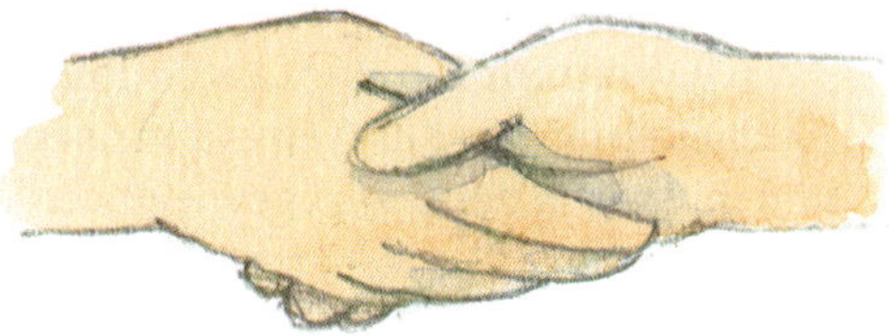

## Anfangsrituale, Begrüßungsspiele

*Generell ist ein gemeinsames Erinnern an die letzte Stunde bzw. die Wiederholung der letzten Inhalte äußerst wichtig für den Lernerfolg. Zudem sollten die Anfangs- bzw. Abschiedsrituale passend zum Lernthema ausgewählt oder ggf. variiert werden.*

**„Es geht eine Zipfelmütz' in unserem Kreis"** – altes Kinderlied zur Bewegung am Anfang, wir stehen im Kreis und bewegen uns in dieser Reihenfolge im Kreis. Als Variante können sich die Zipfelmützenzwerge auch kreuz und quer durch den Raum bewegen – auf Zehenspitzen, auf den Fersen, staksend wie ein Storch oder schleichend wir eine Katze – die Möglichkeiten sind fast unbegrenzt!

**Begrüßungslied „Komm, wir wollen spielen"** – altbekanntes Begrüßungslied, das viele Kinder auch vom Kindergarten kennen; es senkt bei vielen Kindern die Hemmschwelle!

**„Pustekuchen"** – Hier wird noch einmal verdeutlicht, wie unsere Stimme funktioniert. Als Hilfsmittel benötigen wir Wattebäusche oder Engelshaar. Dieses Anfangsspiel kann auf dem eigenen Tisch oder auch als Wettstreit auf dem Boden gespielt werden. Wer seinen Wattebausch am besten mit seiner Puste beherrschen kann, hat gewonnen (auch hervorragend zur Einführung der Flöte geeignet!).

**Namensingen** – sehr geeignet zum Kennenlernen der Gruppe bzw. wenn viele Schnupperkinder da sind. Wir singen unsere Namen hoch/tief, laut/leise und in allen Varianten, die uns einfallen. Der Kursleiter kann vorsingen, die Kinder singen nach; mutige Kinder können auch die Funktion des Kursleiters übernehmen. Als Variante kann zusätzlich eine Geste des Begrüßens (Verbeugen, Knicksen, Winken oder Händeschütteln ...) vereinbart werden.

**„1, 2, 3 und dann"** – Rhythmik mit Überraschungseffekt! Dies ist ein äußerst unterhaltsames Rhythmikspiel, bei dem jedes Kind etwas einbringen kann – auch die musikalischen Anfänger! Wir rufen – möglichst in einem gleichbleibenden Tempo – 1, 2, 3 in den Kreis; die darauffolgende 4 wird durch eine Aktivität begleitet (z. B. Klatschen, Hochhüpfen, Arme hochwerfen etc.). Ein erster unterhaltsamer Schritt, um Taktgefühl zu vermitteln.

„Kuscheltiertanz" – Wir tanzen frei oder nach bestimmten Regeln mit unseren Kuscheltieren. Die Kuscheltiere können sich begrüßen, können spielen, sind müde und müssen in den Schlaf gewiegt werden usw.

Fadentanz – Raumorientierungsspiel mit Wolle oder einer Schnur; auf der Schnur/dem Faden kann balanciert, gehüpft werden oder wir bewegen uns wie bei einer Polonaise hintereinander her und lernen so verschiedene Ecken unseres Gebäudes, des Raumes kennen. Mit einem Faden können auch Figuren gelegt werden, die dann erraten werden müssen!

Ich bin dein Echo – Einsatz unserer Stimme; ein Kind singt oder spricht/ruft etwas laut; das andere Kind ist sein Echo ...

Pantomimentanz – Förderung der Bewegungskoordination, der Grob- und Feinmotorik, entweder der Kursleiter gibt Bewegungen (auch themenbezogen – Tiere) vor und die Kinder ahmen nach; Variante dazu: Zweiergruppen – ein Kind gibt Bewegungen/Körperhaltungen vor, das andere Kind ahmt nach oder errät diese!

„Welches Tier siehst du hier?" – meist in Verbindung mit unseren Tierthemen gespielt; ein oder mehrere Kind(er) denken sich Geräusche (Stimme oder Vertonung) oder bestimmte Bewegungsarten aus und führen sie vor – die Gruppe errät um welches Tier es sich handelt. Hier können die Orffschen Instrumente hervorragend integriert werden; fördert das Selbstbewusstsein und die Bewegungsfähigkeit!

Tüchertanz – Winken, Kreise ziehen, Hochwerfen und Fangen ... mit unseren bunten Tüchern kann man unendlich viele Bewegungen machen und einfach ganz frei und vor allem ganz wild tanzen!!!

Windtanz mit Bändern – Dieser Tanz eignet sich hervorragend für die Wetterthemen; mit den Bändern können bestimmte Wettersituationen nachgespielt und somit in Bewegung umgesetzt werden. Auch die Intensität des Wetters, z. B. des Regens, kann über die Geschwindigkeit der Bewegung oder auch über die zusätzliche Vertonung mit Instrumenten zum Ausdruck gebracht werden.

Body Percussion – eine unterhaltsame Variante, die oft sogar Eltern „mitrappen" lässt! Auf ein beliebiges Musikstück mit einem gut erkennbaren Vierertakt – gerne etwas Aktuelles – kann geklatscht, gestampft, gewunken, können die Arme gereckt, die „Fensterscheiben geputzt" und viele andere Bewegungen eingeflochten werden! Wichtig ist nur, dass die jeweiligen Bewegungsvarianten immer in der gleichen Reihenfolge geübt werden und jeweils den ganzen Vierertakt ausfüllen. Ein peppiger Tanz für den Abschluss des Schuljahres!

**Ruhige Gesprächsrunden** sind in der Hektik des Alltages der Kinder unerlässlich! Sollte die Gruppe am Anfang der Stunde unruhig oder nicht zu bändigen sein – setzen wir uns in einen Teppichkreis um zu reden, zu wiederholen oder einfach zu erzählen. Eine ruhige Geschichte – vielleicht passend zum Lernthema – kann die Kinder ebenso entspannen und beruhigen!!

**Zuzwinkern** – uralt und unheimlich lustig! Das Auswählen von Partnern oder auch von Instrumenten lässt sich durch Zuzwinkern gut lösen! Vor allem trainiert dies die Konzentrationsfähigkeit der Kinder!

**Rate mal mit Instrumenten** – Bewusstes Zuhören ist eine Grundkompetenz, die jedes Kind in der Schule benötigt! Wir hören Instrumente, die wir natürlich vorher eingeführt haben. Am besten funktioniert dies mit verbundenen Augen!

**Triangeltreffen** – Wir hören eine Triangel (Variante: Pauke, Trommel ...). Auf ein-, zwei- oder dreimaligen Klang werden bestimmte Aktivitäten vereinbart! Z. B. einmal Klingen – in der Mitte treffen, zweimal Klingen – an die Wand oder in die Ecke usw. Im Spielverlauf sollte man das Tempo deutlich steigern – in der Regel eine sehr lustige Sache!

**Glockentanz** – gerne in Verbindung mit unserem Glockenthema angewandt; hier sind dem Kursleiter keine Grenzen gesetzt. Wir können verschiedene Glocken in den Unterricht einflechten, als Hörerfahrung umsetzen; selbstverständlich können auch Bewegungen nachempfunden werden; kleine Glocken lassen nur die Finger schwingen, mittlere Glocken lassen die Arme hin- und herschwingen und die großen Kirchenglocken lassen unseren ganzen Körper hin- und herschwingen!

**Uhrenrap** – Wir lernen kleine, mittlere und große Bewegungen mit den Fingern, dem Kopf, den Armen, den Beinen ... und dem ganzen Körper umzusetzen. Hier wird von der Feinmotorik bis zur Grobmotorik alles trainiert!

**Schneeflockentanz** – Hier müssen wiederum unsere Wattebäusche herhalten – oder einfach imaginäre Schneeflocken. Diese Aktivität sollte unbedingt in unser Winterthema eingeflochten werden! Wir laufen zuerst ruhig durch den Raum – der Wattebausch liegt in unseren Händen, auf unserem Kopf oder auf unserer Schulter – ein Balanceakt! Passend zur Begleitmusik können die Schneeflocken auch leicht von Hand zu Hand tanzen, ganz hoch wirbeln und müssen wieder aufgefangen werden ...

**Schwungtuch** – Wir ordnen uns im Kreis an und bewegen uns am Schwungtuch; dies kann eine Wiederholung eines Liedes sein, Namensingen oder dass wir einen leichten Gegenstand auf dem Schwungtuch springen und hüpfen lassen!

**Farbpunktetanz** – ideal für unsere Faschings- oder sonstigen Partystunden! Farbklebepunkte werden verteilt und auf bestimmte Körperteile der Kinder geklebt. Auf Kommando müssen sich die Kinder mit bestimmten Merkmalen treffen – hier sind der Kreativität des Musikerziehers keine Grenzen gesetzt!

**Himmel und Hölle** – Dies ist eine wunderbare Übung zur Verdeutlichung der Parameter hoch/tief in der Musik! Das Begleitinstrument sucht der Kursleiter aus; nun kann – je nachdem ob wir hohe oder tiefe Töne hören – weit ausgestreckt oder am Boden kauernd getanzt werden.

**„Wie geht's dir heute?“** – Gespräch oder Musizieren, eignet sich für den Anfang der Stunde! Wir versuchen über Erzählungen oder auch über eigenes Vertonen zu zeigen, wie es uns heute geht – fühlen wir uns schlecht, sind wir fröhlich oder haben wir einfach schlechte Laune? Speziell bei kleinen Kinders ist es wichtig, dass sie lernen ihre Stimmung in Worte bzw. im zweiten Schritt in Musik zu fassen – das verhindert grundlose Aggression!

**Krimskramsorchester** – Wir mischen die Orffschen Instrumente mit allen Umweltinstrumenten, die uns einfallen und die wir mitbringen können (Kämme, Becher, Holzkochlöffel, kleine Töpfe und vieles mehr!). Die Orchestergruppen werden ausgelost und wir versuchen Musik zu machen – laut/leise, crescendo/decrescendo, nach- und miteinander, nur Instrumente aus Holz oder Metall usw. Der Spaß daran ist, dass die Formationen immer wieder verändert werden. Musikalische Begriffe können so mit Spaß erlernt werden!

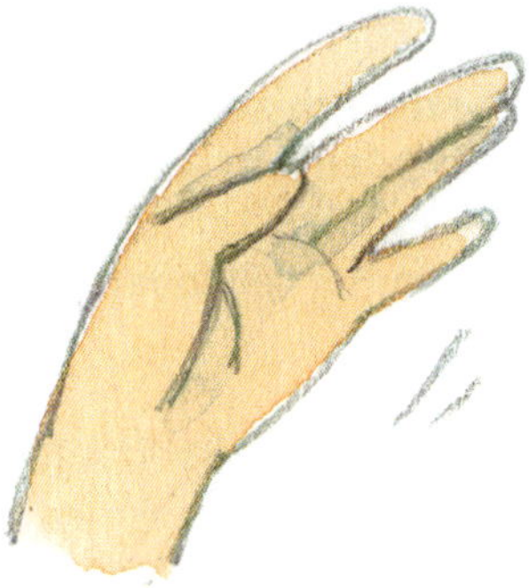

## Abschiedsrituale

Freies Tanzen – Mit unseren Tüchern, Bändern, Bällen ... haben wir immer eine unterhaltsame Alternative, um den Musiktag ausklingen zu lassen! Die Wahl der Musik bleibt dem Kursleiter überlassen – es empfiehlt sich im Laufe des Jahres kindgerechte Musik, aktuelle Titel und Klassik zu mischen!

Reaktionstanz – Wir tanzen frei oder nach Regeln, auf Begleitmusik oder eigene Vertonung – wenn die Musik aufhört, erstarren wir! Den kleinen Kindern wird dieses abrupte Innehalten am Anfang schwerfallen – sie müssen gleichermaßen zuhören und ihren Körper steuern!

Der tierische Tanz – Wir tanzen ihn gerne in Verbindung mit allen Themen, die mit Tieren zu tun haben. Wichtig ist, dass wir die Fortbewegungsarten der Tiere nachahmen, eine gewisse Körperspannung aufbauen und das Selbstbewusstsein aufbauen, um in die Rollen der Tiere „hineinzuschlüpfen"! Auch hier sollten die Stimmen der Tiere entweder instrumental oder einfach mit unserer Stimme nachgeahmt werden ...

Zauberspiel – funktioniert im Prinzip wie der Stopptanz; es gibt ein Kind bzw. den Kursleiter, das/der die Kinder verzaubert. Dies funktioniert durch das Stoppen der Musik bzw. das Antippen bestimmter Kinder (nur einige werden verzaubert) beim Tanzen. Die verzauberten Kinder erstarren bis sie „erlöst" werden! Hier werden Reaktionsfähigkeit und auch Körperspannung trainiert. Als Variante werden Verhaltensweisen für die Verzauberten vereinbart, z. B. Augen schließen, summen etc.

Meditationsübung mit Kolibriatmung – eine Übung, die gerne am Anfang, in der Mitte, aber auch am Ende der Stunde eingeflochten wird – immer dann, wenn die Kinder Ruhe und Entspannung brauchen! Wir legen uns auf den Rücken auf dem Boden und atmen tief durch. Die Bauchdecke muss sich heben und senken – wir atmen gleichmäßig! Ist der Kursleiter schon mit den Kindern vertraut, kann er seine Hand auf den Bauch des jeweiligen Kindes legen – zur Kontrolle des Atems, das ist sehr beruhigend! Das Summen des Kolibris lässt unseren Körper vibrieren, bei vielen Kindern kitzelt es im Rachen usw. – einfach ausprobieren!

**Gedankenreise** mit ruhiger, musikalischer Untermalung – eine interessante, beruhigende und trotzdem interessante Möglichkeit, die Kinder zu begeistern. Hier ist es sinnvoll das jeweilige Lernthema aufzugreifen! Variation: Ganz mutige Kinder dürfen für eine vorher vereinbarte Stunde eine kleine Geschichte vorbereiten und vortragen.

**Bewusstes Atmen** – Was heißt ruhiges Ein- und Ausatmen? Bewegt sich dabei der Körper, wie geht es uns? Wir atmen im Sitzen, im Liegen – welches Gefühl haben wir, wenn wir auf dem Bauch liegen? Hier sollte der Kursleiter bewusst auf eine sehr ruhige Begleitmusik und absolute Ruhe in der Gruppe achten!

**Haltungstraining** – Gibt es eventuell einen Spiegel in unserem Musikraum? Was heißt es gerade und aufrecht zu stehen oder zu sitzen? Wir kontrollieren uns gegenseitig – eventuell in Zweiergruppen. Sind wir größer und können vielleicht leichter atmen, wenn wir uns gerade halten?

**Spielplatztanz** – passend zum Thema Spielplatz, gerne aber auch als Wiederholung bzw. wenn sich Kinder etwas wünschen dürfen! Wir setzen die Aktivitäten des Spielplatzes – Klettern, Rutschen, Wippen – motorisch um. Der Kursleiter ruft lediglich „wir rutschen" oder „wir wippen" usw. Eine lustige musikalische Untermalung ist notwendig.

**Trommelregenschirm** – Dieses Spiel entstand beim Kennenlernen der Trommel; ein Kind schließt die Augen, ein anderes Kind macht klopfende Geräusche – stärker oder weniger stark ... – über seinem Kopf. Regnet es nun stark oder nicht? Eventuell kann Wind, Donner etc. ähnlich vertont werden? Diese Aufmerksamkeitsübung kann zur Konzentrationsverstärkung oder aber auch beim Thema Trommeln eingeführt werden.

**Zeitungsblättertanz** – Musik wird frei, auch nach den Wünschen der Kinder, gewählt. Bei jedem Musikstopp wird die Zeitung, die unsere Tanzunterlage bildet, halbiert. Ein Spaß – nicht nur für die Musikstunde – auch zum Kindergeburtstag!

**Pfützenspringen** – Wir legen Reifen oder auch Schnüre/Fäden als „Pfützen" im Kreis aus. Auf eine nicht zu schnelle Musik tanzen wir frei. Stoppt die Musik, springen wir in die Pfützen. Man kann auch vor- und rückwärts auf den Pfützenrändern balancieren. Sogar ein Frosch kann aus der Pfütze oder in die Pfütze springen ...

**„Wenn ich glücklich bin, dann ..."** – Dieses frei zu vertonende Spiel geht immer im Kreis. Jedes Kind singt den Liedanfang und fügt – je nach Lust und Laune – eine Aktivität oder einfach ein Erlebnis ein.

**Wir lassen unsere Lieder wandern** – Hier eignen sich altbekannte Lieder bzw. Lieder aus der Kindertagesstätte. Ein Kind beginnt und stoppt nach ungefähr einer Zeile; das nächste Kind führt dieses Lied fort usw. Eher mit den größeren Musikkindern zu spielen. Es können natürlich auch geläufige Lieder aus dem Musikunterricht gewählt werden.

**Wo schlägt dein Herz?** – meditative Übung am Schluss der Stunde. Wir legen uns mit ruhiger Musik auf den Boden – am besten auf den Rücken! Neben unserer Atmung, die wir immer kontrollieren (Bauchdecke hebt und senkt sich), ertasten wir gegenseitig unseren Herzschlag! Eine sehr beruhigende Übung!

**Ich verzaubere dich** – Wir tanzen frei und ausgelassen. Ein Kind bzw. der Kursleiter übernimmt die Rolle des Zauberers. Mit seinem Zauberstab verzaubert er das jeweilige Kind, das still verharren muss. In dieser Position muss das verzauberte Kind eine musikalische Frage (z. B. aus der letzten Stunde) beantworten. Nach Beantwortung der Frage werden die erstarrten Kinder wieder entzaubert – hier werden Körperspannung, Gleichgewicht, Geduld und Konzentration gleichermaßen trainiert!

**Echospiel** – Wir erklären das „ECHO". Hier kann man mit den Orffschen Instrumenten, Umweltinstrumenten und natürlich nur mit der Stimme arbeiten! Der Kreativität sind keine Grenzen gesetzt! Wichtig ist nur, dass der erzeugte Klang bzw. die erzeugte Stimme nachgeahmt wird!

**Blinzeltanz** – Wir tanzen frei ... und blinzeln einander zu! Die Blinzelpaare fassen einander an der Händen und blinzeln wiederum anderen Tanzpartnern zu ... Am Schluss kann es eigentlich niemanden mehr geben, der alleine tanzen muss ...

**Kitzelspiel** – Wir liegen alle auf dem Rücken am Boden. Der Kursleiter bzw. ein ausgewähltes Kind berührt die anderen Gruppenmitglieder an einer beliebigen Körperstelle. Diese Kinder erraten die berührten Körperteile mit geschlossenen Augen – das hört sich einfach an, ist aber für 3–4-jährige Kinder recht schwierig! Sollte man erst spielen, wenn sich ein gewisses Vertrauensverhältnis gebildet hat!

**Himmel und Erde** – Dies ist eine Parameterübung zum Thema hohe und tiefe Töne. Auf eine ausgewählte oder eigene Begleitmusik tanzen wir hohe und tiefe Tonlagen nach; wir recken uns zum Himmel und wir kauern auf der Erde ...

**Zwerge und Riesen** – das Spiel passend zum Lernthema! Hier ist die Vertonung von entscheidender Wichtigkeit. Die musikalische Untermalung des Zwergenthemas muss den Charakter der Zwerge widerspiegeln; das Riesenthema sollte durch eine schwere, eher gesetzte Musik dargestellt werden!

Die Kinder werden in eine Zwergen- und eine Riesengruppe aufgeteilt, die dann immer in Begleitung „ihrer“ Musik bestimmte Bewegungsformen ausprobiert, imaginäre Erlebnisse nachspielt oder einfach tanzt!

**Eiszapfen** – ein Abschlussspiel zur Beruhigung und zur Förderung der Balance! Wir stehen in Begleitung einer sehr ruhigen Musik wie ein Eiszapfen – wir recken und strecken uns! Dann kommt die Sonne! Langsam beginnt der Eiszapfen zu schmelzen und wird immer kleiner – gewonnen hat das Kind, das als Letztes am Boden kauert – und somit zu Wasser geworden ist!

**Die Tulpe** – Die Tulpe (siehe Lernthema) wächst aus der Zwiebel stolz heran! Dies ist – gerne am Anfang der Stunde ausgewählt – die Gegenbewegung zum Eiszapfen! Wir wachsen – möglichst langsam – aus der Erde heraus bis wir als prächtige und schöne Blume am Wegesrand stehen.

**Spinnennetz** – das typische Abschlussspiel. Wir sind fertig und sitzen müde am Boden! Wir verbinden unsere Arme und Beine zu einem Netz und versuchen das zu halten! Ein ausgewähltes Kind ist die Spinne und versucht in unserem Spinnennetz herumzukrabbeln! Hier sind Körperspannung und Bauchmuskeln gefragt!

**„Lass mich nicht los“** – ein Abschlussspiel ohne große Anstrengung! Wir tanzen – erst treffen sich ein, zwei, drei ... Tanzpartner und lassen sich während des Tanzens nicht mehr los! Meist ein ausgelassener Spaß am Ende der Stunde!

**Schlangentanz** – Wir bewegen uns wie eine Schlange durch den Raum; mehrere Kinder fassen sich an den Händen und durchqueren den Raum – hin und her, unter den Tischen hindurch usw.

# Kopiervorlagen

**@ auch als Download unter:**
**https://www.verlag-modernes-lernen.de/permalink/v1296**

K1

## Kopiervorlage Takt

1 2 3 4

**die Viertelnote**
Schritt, Schritt, ...
1-2-3-4

**die halbe Note**
langsamer Schritt ...
1 – 2, 1 – 2

**die Achtelnote**
schnelle Schritte ...
1-2, 1-2, 1-2, 1-2,

**die ganze Note**
1 – 2 – 3 – 4

### Rhythmusbeispiele

| 1 | 2 | 3 | 4 |
|---|---|---|---|
| lang | kurz, kurz | lang | lang |

| 1 | 2 | 3 | 4 |
|---|---|---|---|
| lang | lang | kurz, kurz | kurz, kurz |

| 1 | 2 | 3 | 4 |
|---|---|---|---|
| lang | ganz lang | | kurz kurz |

**jeweilige Anweisungen:**
zum Zählen: 1, 2, ... | zum Bewegen: Schritt, ... | zum Mitsprechen: lang, kurz, etc. ...

## **Kopiervorlage Elementarinstrumente** (Auswahl einiger Instrumente)

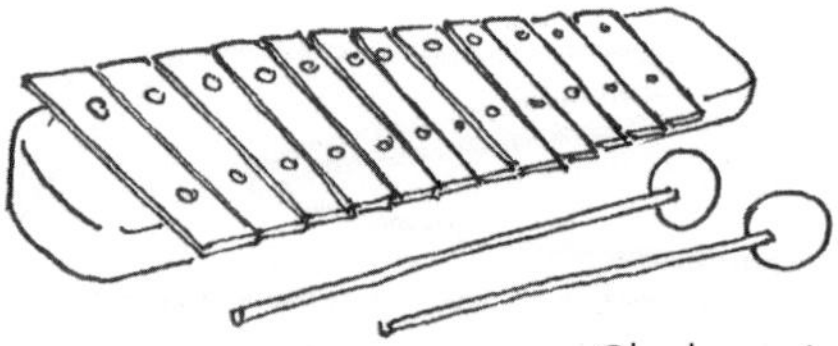

Glockenspiel

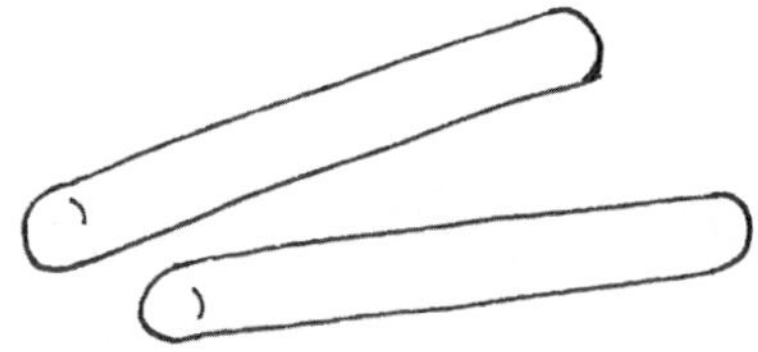

Klangstäbe

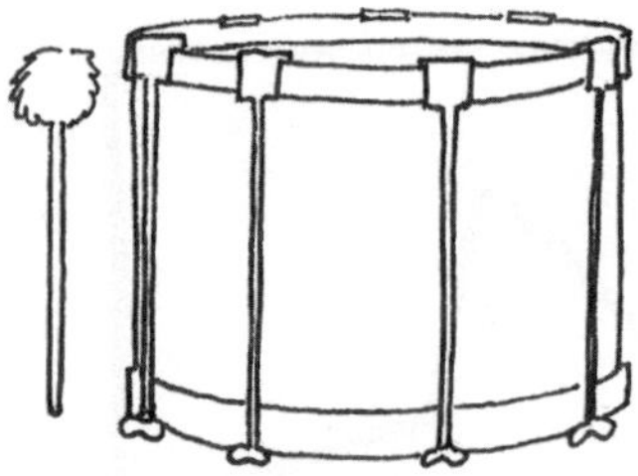

Trommel

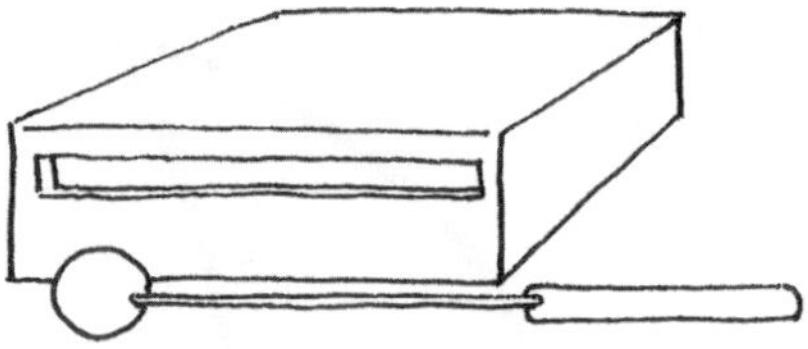

Holzblocktrommel

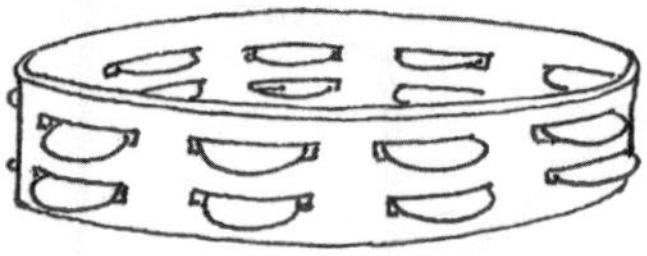

Schellenring

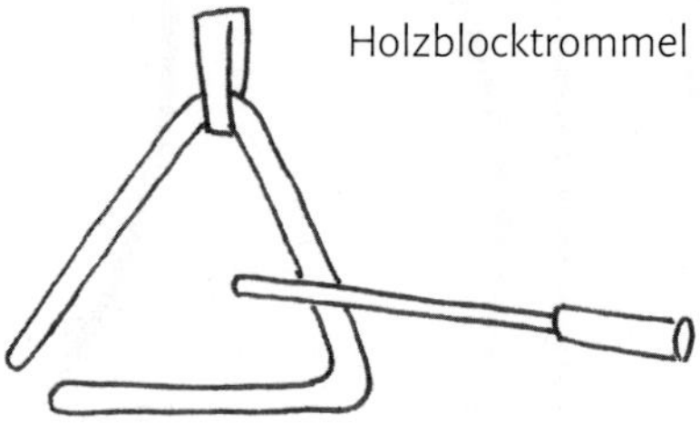

Triangel

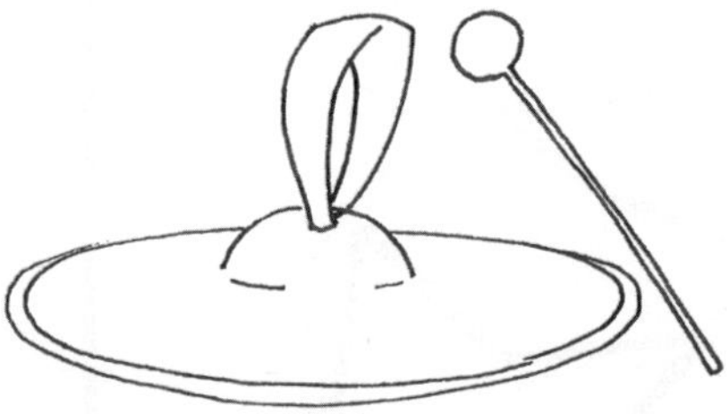

Becken

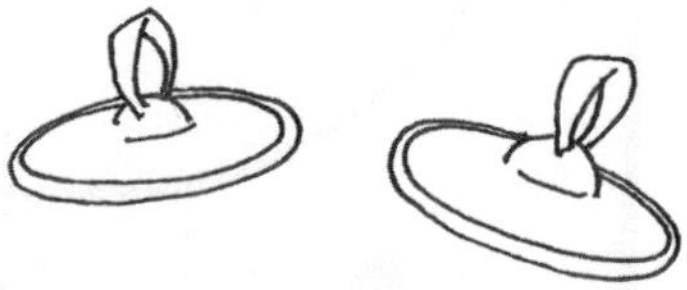

Fingerzimbeln

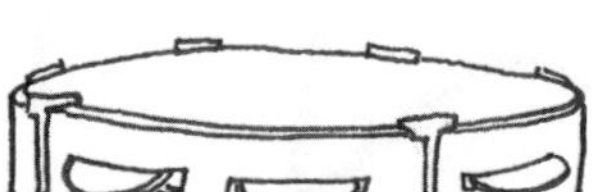

Trommel mit Schellen

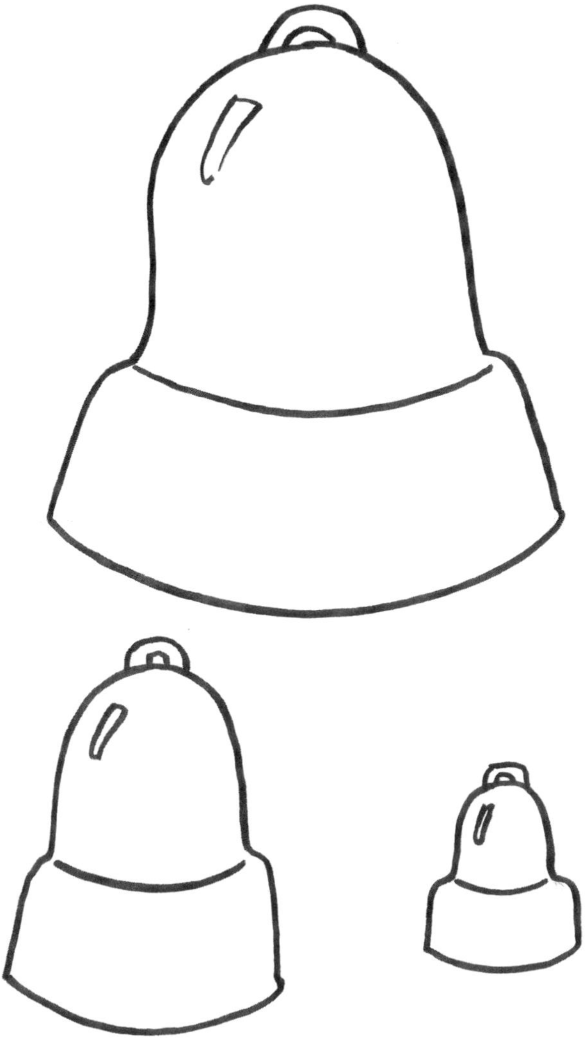

K5

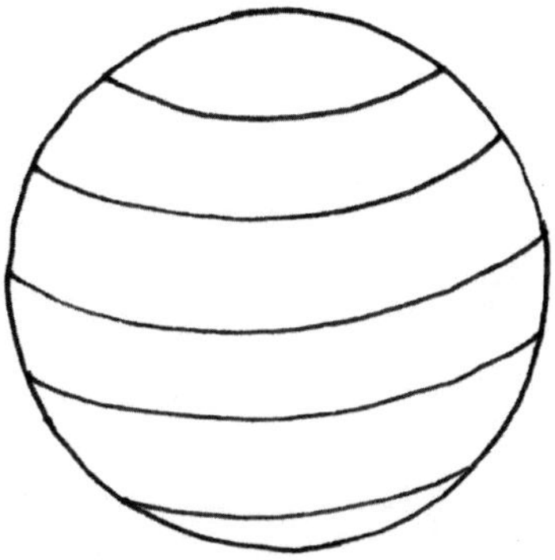

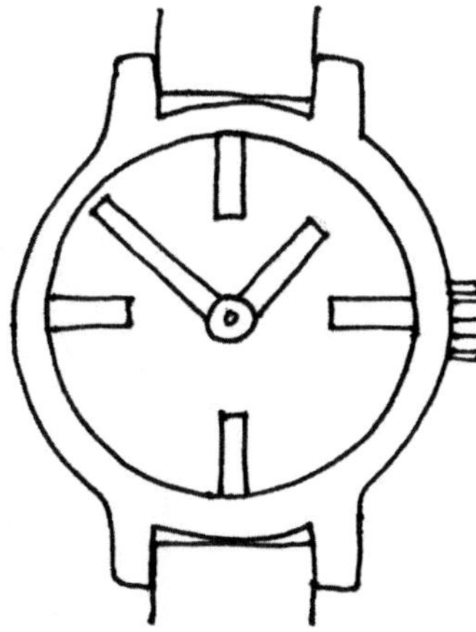

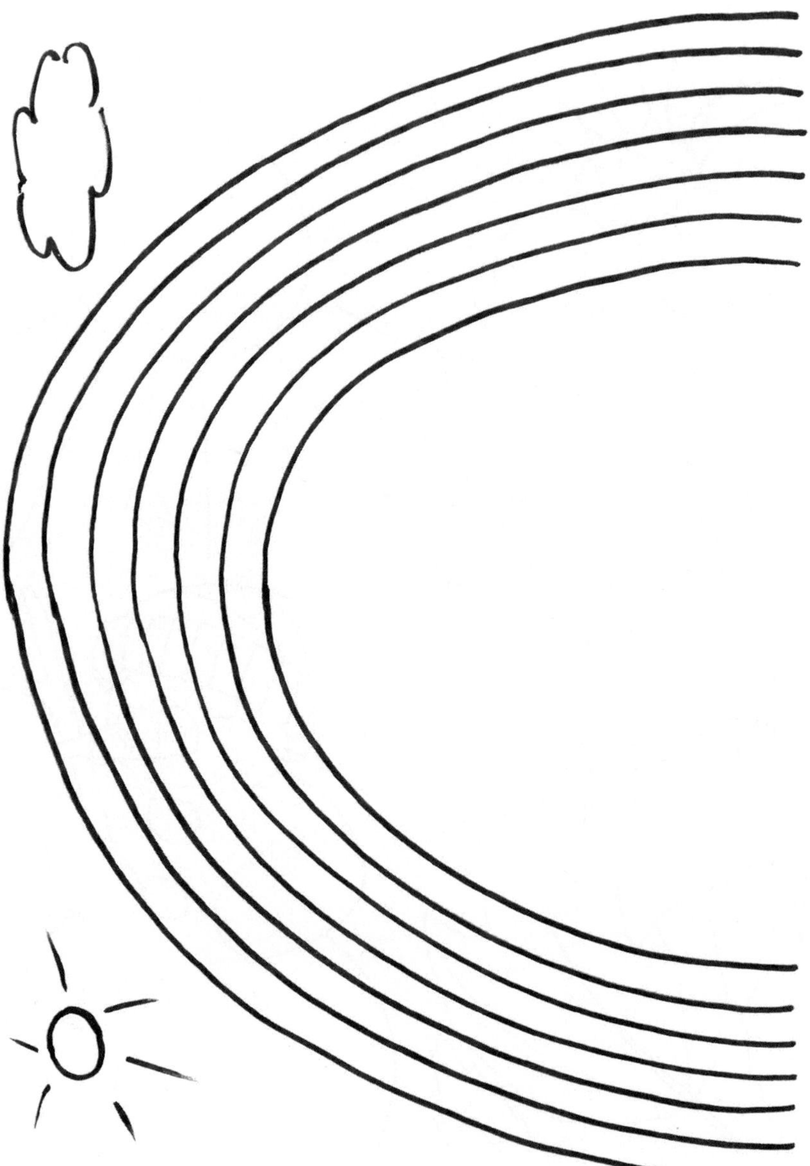

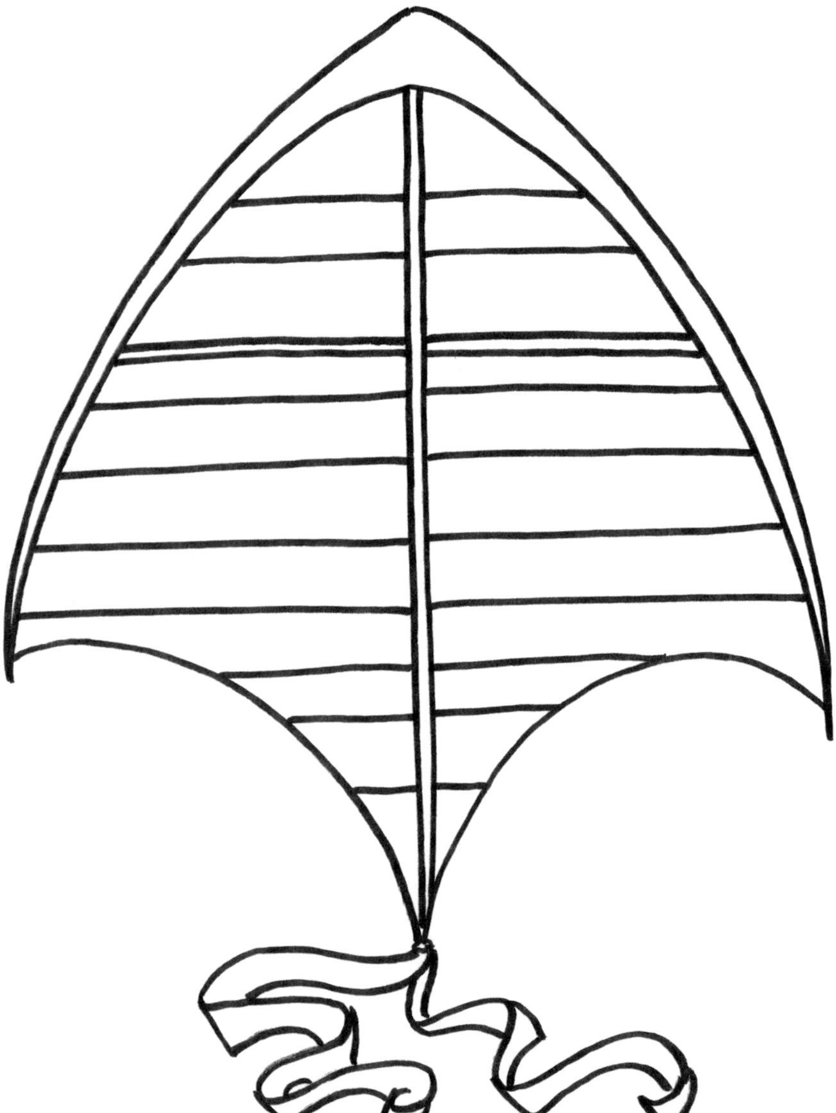

Regenbogen
Mond
Regen
Gefahr
nach Hause kommen
Fluss durchqueren oder Fluss kreuzt
Sonne scheint
Tiere nahen
Berg besteigen
Freundschaft

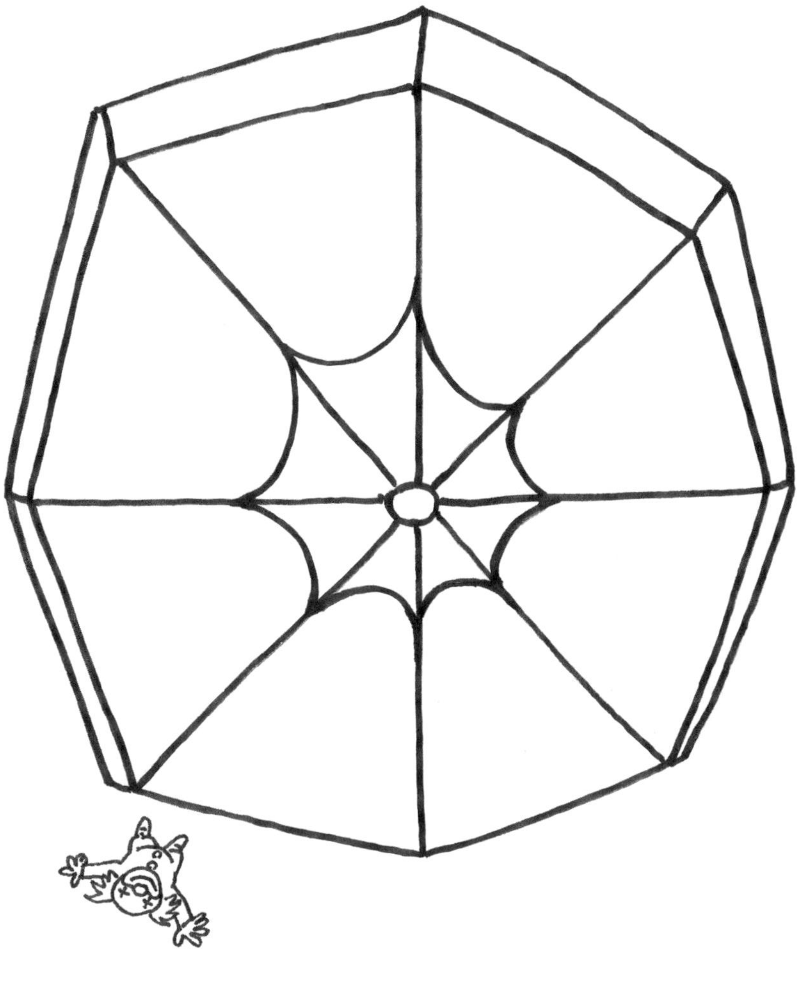

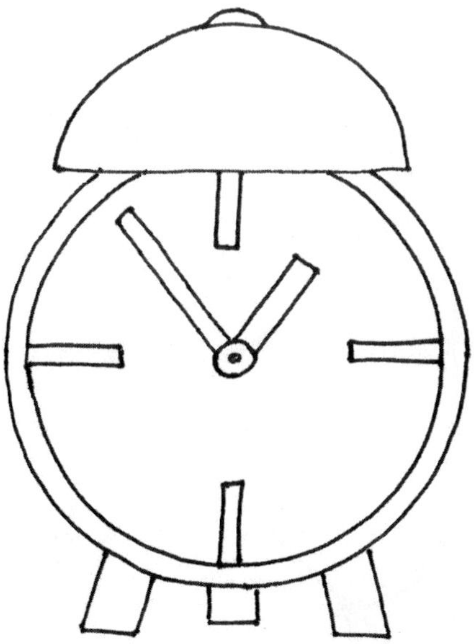

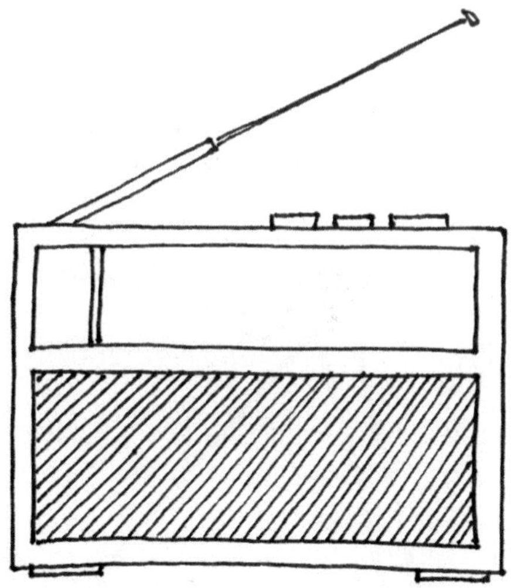

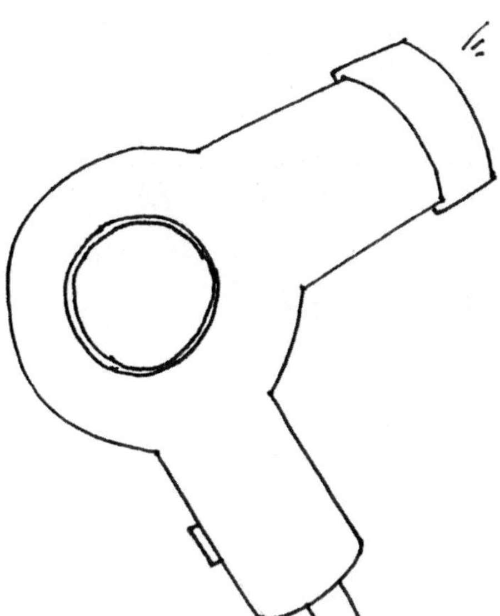

# Literatur

Bergmann, Katja; Burkandt, Lilian; Petrich, Bernd (2006): Hör-Fink, Programm zur Förderung der auditiven Wahrnehmung. Oberursel: Finken-Verlag.

Jacobs, Claus; Petermann, Franz (2006): Ratgeber Rechenstörungen: Informationen für Betroffene, Eltern, Lehrer und Erzieher. Göttingen: Hogrefe.

Jacobs, Claus; Petermann, Franz (2007): Rechenstörungen. Göttingen: Hogrefe.

Jahreszeiten-Mappen (diverse): Inspirationen und Ideen für die Kita. Verschiedene Ausgaben zu den einzelnen Jahreszeiten. Freiburg: Herder.

Klein-Hessling, Johannes; Lohaus, Arnold (2012): Stresspräventionstraining für Kinder im Grundschulalter (Therapeutische Praxis). Göttingen: Hogrefe.

Krowatschek, Dieter; Albrecht, Sybille; Krowatschek, Gita ([4]2013): Marburger Konzentrationstraining (MKT) für Kindergarten, Vorschule und Eingangsstufe. Dortmund: borgmann publishing.

Muth-Seidel, Despina (Hrsg.) ([2]2012): Multimodale Aufmerksamkeits- und Gedächtnistrainings für Kinder von 4 bis 10 Jahren. Dortmund: *BORGMANN MEDIA*.

Warnke, Andreas; Hemminger, Uwe; Plume, Ellen (2003): Ratgeber Lese-Rechtschreibstörungen: Informationen für Betroffene, Eltern, Lehrer und Erzieher. Göttingen: Hogrefe.

Warnke, Andreas; Hemminger, Uwe; Plume, Ellen (2004): Leitfaden Kinder- und Jugendpsychotherapie, Bd. 5: Lese-Rechtschreibstörung. Göttingen: Hogrefe.